Jakob Hein
Antrag auf ständige Ausreise

Zu diesem Buch

Wer hätte das gedacht: Selbst Erich Honecker zog es offensichtlich ins feindliche Ausland. Doch sein Antrag auf ständige Ausreise wurde von den Behörden einer solchen Geheimhaltung unterzogen, dass es nie zu einer Beantwortung seines Anliegens gekommen sein soll. Das ist kaum zu glauben? Sie werden Augen machen angesichts dessen, was der Schriftsteller Jakob Hein aus der ostdeutschen Vergangenheit zu erzählen hat: Da ist zum Beispiel von dem brisanten Jamaika-Plan des Politbüros die Rede, der vorsah, zwecks Volksberuhigung ein gesteuertes Drogen-Programm zu realisieren. Da will der mutige DDR-Mathematiker Scharfstein die althergebrachte Zahlensystematik revolutionieren und findet sich dafür kurze Zeit später im imperialistischen Westen wieder. In dreißig so verblüffenden wie einsichtsreichen Kapiteln macht uns der gebürtige Leipziger Jakob Hein mit seinen ganz persönlichen DDR-Mythen bekannt.

Jakob Hein, geboren 1971 in Leipzig, veröffentlichte 2001 sein autobiografisches Buch »Mein erstes T-Shirt«. Zuletzt erschienen von ihm der Bestsellerroman »Herr Jensen steigt aus«, »Gebrauchsanweisung für Berlin« und »Antrag auf ständige Ausreise«. Jakob Hein lebt als Arzt mit seiner Frau und zwei Kindern in Berlin.

Atak (Georg Barber), geboren 1967 in Frankfurt/Oder, lebt und arbeitet als Künstler und Grafiker in Berlin, Stockholm und Gent. Professor für Illustration an der Sint-Lucas Kunstschule in Belgien. Weiteres zu Atak: www.fcatak.de

Jakob Hein

Antrag auf ständige Ausreise

und andere Mythen der DDR

Mit 30 Illustrationen von Atak

Piper München Zürich

Von Jakob Hein liegen bei Piper vor:
Mein erstes T-Shirt
Formen menschlichen Zusammenlebens
Vielleicht ist es sogar schön
Herr Jensen steigt aus
Gebrauchsanweisung für Berlin
Antrag auf ständige Ausreise

FSC

Dieses Taschenbuch wurde auf FSC-zertifiziertem Papier gedruckt.
FSC (Forest Stewardship Council) ist eine nichtstaatliche, gemeinnützige
Organisation, die sich für eine ökologische und sozialverantwortliche
Nutzung der Wälder unserer Erde einsetzt (vgl. Logo auf der Umschlag-
rückseite).

Originalausgabe
Juli 2007
© 2007 Piper Verlag GmbH, München
Umschlag: Büro Hamburg, Heike Dehning, Stefanie Levers
Bildredaktion: Alke Bücking, Charlotte Wippermann, Daniel Barthmann
Umschlagabbildung: Atak
Autorenfoto: Nelly Rau-Häring
Satz: Filmsatz Schröter, München
Papier: Munken Print von Arctic Paper Munkedals AB, Schweden
Druck und Bindung: Clausen & Bosse, Leck
Printed in Germany   978-3-492-25046-7

www.piper.de

Inhalt

I

Die Mauer bei Queienfeld

Bei Queienfeld in Thüringen gab es eine Besonderheit der innerdeutschen Grenze: Aufgrund der bergigen Landschaft war es zu Unregelmäßigkeiten in der Statik der Grenzbefestigungsanlagen gekommen. Dies war beim eiligen Bau nicht bemerkt worden, erst ein Gefreiter namens Bilz vom 14. Regiment meldete bei der Wachübergabe an die Spätschicht des 15. Januar 1973 dem diensthabenden Feldwebel die Wahrnehmung verdächtiger Knirschgeräusche im Bereich der Verfugungen. Nachdem die Meldung ihren ordnungsgemäßen Weg durch die Befehlskette nach oben genommen hatte, ordnete Armeegeneral Karl-Heinz Hoffmann, der damalige Minister für Nationale Verteidigung der DDR, die Untersuchung durch die Bauakademie an. Das Urteil war niederschmetternd: Der gesamte als Abschnitt XII/17 bezeichnete Teil der Grenze drohte auf einer Länge von 1,2 Kilometern zu bersten. Zur Lösung des Problems unterbreiteten die Fachleute zwei Vorschläge. Der erste Vorschlag einer Holzverschalung auf gesamter Länge mit anschließendem Massivausguss durch Beton wurde aus Kostengründen und wegen der schwierigen geografischen Lage verworfen.

Daher entschloss man sich zur zweiten vorgeschlagenen

Lösungsvariante: der täglichen Öffnung von XII/17 für fünfundachtzig Minuten. Zu diesem Zweck wurde eines der Betonsegmente entfernt und gegen eine Stahlwand auf Rollen ausgetauscht. Diese konnte nun täglich für den genannten Zeitraum aus der Konstruktion herausgerollt werden. Durch die entstandene Lücke konnten sich die Tag für Tag entstehenden Materialspannungen entladen. Der innovative Lösungsvorschlag war erfolgreich, Mauerabschnitt XII/17 stand bis zu seinem planmäßigen Abriss 1990 stabil. Da nach Empfehlung der Bauakademie eine unmittelbare Nähe von Grenztruppen in den fünfundachtzig Minuten der Öffnung wegen der Gefahr von Steinschlag zu riskant gewesen wäre, entstand aber ein nicht unerhebliches Sicherheitsproblem. Daher legte man die Öffnung in die Zeit zwischen 3 Uhr und 4.25 Uhr, um spontane oder versehentliche Grenzübertritte zu vermeiden. Dennoch kam es immer wieder zu unvermeidbaren Fluchten, die jedoch aus Furcht vor Nachahmern geheim gehalten wurden. Unter anderem entfernten sich zahlreiche Mitglieder der ostdeutschen Bauakademie sowie der Gefreite Bilz in das Staatsgebiet der BRD. Als Kuriosum sei genannt, dass Bilz kurz darauf bei Wiesbaden die Schwester des verantwortlichen Gutachters der Bauakademie ehelichte.

II

Der Tvättsten-Effekt

An der Geschichte der DDR und ihrem anschließenden Beitritt zur Bundesrepublik ließ sich erstmals die Richtigkeit eines nach dem schwedischen Soziologen Gösta Tvättsten benannten Effekts eindeutig beweisen. Der aus dem nordschwedischen Umeå stammende Tvättsten hatte in den ersten Jahren des 20. Jahrhunderts die Hypothese entwickelt, dass sich Art und Häufigkeit von Erkrankungen im Zusammenspiel mit den verfügbaren medizinischen und pharmakologischen Möglichkeiten entwickeln. Tvättstens Hypothesen waren seinerzeit auf einhellige Ablehnung gestoßen. Der namhafte Geologe Danderut, damals Präsident der Königlich-Schwedischen Akademie der Wissenschaften, wurde mit seinem Ausspruch berühmt: »Gösta [Tvättsten], ob du dir hier oder im Kongo ein Bein brichst, bleibt dasselbe.« Tvättsten zog sich verbittert aus der Welt der Forschung zurück und starb vergessen 1938 auf den Skären vor Huddinge.

Als Schwäche von Tvättstens Thesen galt stets, dass sie sich auf ungenaue historische Angaben stützten und keine prospektiven Studienergebnisse anführen konnten. Doch 1952 schloss ein junger Wissenschaftler der Universität Umeå einen Kooperationsvertrag mit der Regie-

ANEDON K 10/25

Inhalt 250 ml

100 ml

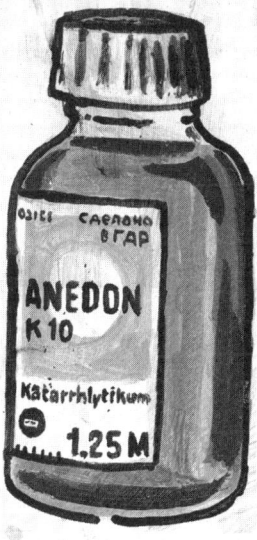

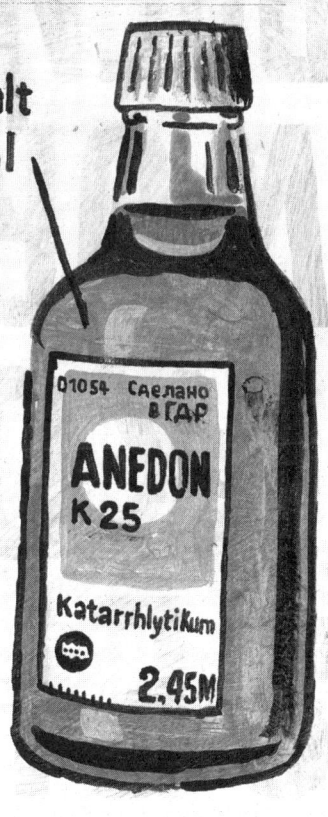

rung der DDR. Asmus Berling erschien die DDR als besonders geeignetes Untersuchungsgebiet, da es ein zentralisiertes Gesundheitssystem und praktisch keine Möglichkeiten der Migration in andere Länder aufwies. Daraus ergab sich eine geschlossene, leicht zu erfassende Untersuchungspopulation. Im Austausch gegen einige Fahrzeuge der Marke Volvo für hohe Regierungsmitglieder wurde Berling Zugang zu allen Gesundheitsdaten gewährt. Seine Ergebnisse sollten seinen Landsmann und geistigen Vater Tvättsten mehr als rehabilitieren.

Berling konnte zeigen, dass von 1952 bis 1954 über 60 Prozent aller Kranken in der DDR an einem Katarrh litten. In der damaligen Phase befand sich eine eigene pharmazeutische Industrie gerade erst im Aufbau. Lediglich das Radebeuler Katarrhlytikum Anedon war frei verfügbar. Die anderen 40 Prozent hatten Knochenbrüche und offene Wunden. Gips und Verbandsmaterial waren als typische Artikel der Leichtindustrie bereits gut verfügbar. Von 1954 bis 1963 trat die Diagnose Katarrh zugunsten des häufigeren Ausflusses in den Hintergrund. In Jena hatte eine Medikamentenfabrik aufgemacht, die Lonedan, eine den Ausfluss hemmende Salbe, produzierte. Mit der weiteren Differenzierung der Produktpalette kam es auch zu einer weiteren Auffächerung der Diagnosen, sodass schon in den Siebzigerjahren Koliken, Spaltungsirresein, Schlaflosigkeit sowie Angina das Spektrum erweiterten. Sicher auch durch den Einfluss der Westmedien traten in den Achtzigerjahren Bronchitis, Bindehautentzündung, Gürtelrose sowie Krampfadern hinzu.

Doch erst nach der Wende breiteten sich Krankheiten wie Herpes, Neurodermitis und Allergien aus. Das Bahnbrechende an Berlings Forschung war nun, dass er diese Entwicklung vorhergesehen hatte und konkludent zeigen konnte, dass diese Erkrankungen noch Monate zuvor nicht im Blut nachweisbar gewesen waren und erst mit Verfügbarkeit der neuen Medikamente auftraten. Lediglich bei einem DDR-Bürger fanden sich Herpes-Viren im Blut, dabei handelte es sich jedoch um ein nicht näher genanntes Mitglied des Politbüros mit privilegiertem Zugang zu Westmedikamenten. Die gesundheitliche Anpassung an das Westniveau vollzog sich dementsprechend erst nach der Währungsunion 1990 und nicht etwa nach dem Mauerfall. In einer schönen Einzelstudie beschreibt Berling die Insel Hiddensee, deren Inselarzt noch bis 1995 ausschließlich Katarrhe diagnostizierte und behandelte. Postalisch ließ er sich mit Anedon direkt versorgen und stellte das Medikament seinen Patienten zur Verfügung. Seine Heilungs- und Todesraten entsprachen internationalen Durchschnittswerten. Erst mit Öffnung der ersten Apotheke auf der Insel, die mit aggressiven Werbemaßnahmen einherging, stellten sich auch bei den Inselbewohnern Herzrhythmusstörungen und Refluxkrankheit ein. Nachfolgend kam es zu vielen Komplikationen und auch Todesfällen, da der Inselarzt nach fünfzig Jahren Berufserfahrung mit Katarrhen nun mit der neuen Problematik überfordert war.

Asmus Berling ging übrigens 1997 nach Schweden zurück, nach mehr als fünfzig Jahren in der DDR konnte er mit dem neuen, sehr offenen System nichts anfangen, da es auch wissenschaftlich für ihn keine Perspektiven bot. Aber auch in Schweden fand Berling keinen Anschluss mehr. Er bewirkte allerdings noch die Benennung der Universität Umeå in Tvättsten-Universität, konzentrierte sich in seiner Arbeit aber nachfolgend ausschließlich auf die Produktion von Kartoffelschnaps sowie dessen Konsum.

III

Ein Streifen beiderseits der Autobahn

Beide Seiten hatten kein Interesse daran, dass einer breiteren Öffentlichkeit alle Punkte des am 17. Dezember 1971 ratifizierten Transitabkommens zwischen der BRD und der DDR bekannt wurden. Am heikelsten war wohl die Regelung, die der damalige BRD-Unterhändler Mischnik im Austausch für die unbegrenzte Anzahl von Fahrzeugen ausgehandelt hatte, die zwischen Westberlin und der BRD verkehren durften. Honecker wollte nur zehntausend Fahrzeuge jährlich gestatten und danach pro Fahrzeug eine Art Zoll kassieren, das hätte 1972 noch kaum einen Unterschied gemacht, aber bereits 1982 wäre die Transitstrecke nur bis April kostenlos genutzt worden. Honecker hatte offensichtlich die Entwicklung der Pkw-Zulassungen in der BRD gut eingeschätzt. Aber auch Mischnik hatte verstanden, dass es sich um einen heiklen Punkt handelte. Nur so lässt sich jedenfalls erklären, dass er Paragraf 28 zustimmte. Durch diesen Passus wurde geregelt, dass alle Kinder, die einen zwanzig Meter breiten Geländestreifen zu beiden Seiten der Transitstrecke verließen, automatisch zu DDR-Bürgern wurden und als solche behandelt werden durften. Ein heikler Punkt, aus Gründen der Glaubwürdigkeit konnte die westdeutsche

Ausflugsfoto
Holger Danzer (mitte) mit seinen Adoptiveltern
Dagmar (links) und Hans-Joachim Smicek

Regierung nicht einmal ihre Bürger warnen, der Vertrag wurde als großer Erfolg gefeiert. Mischnik allerdings soll die Angelegenheit viel Kopfzerbrechen bereitet haben, obwohl er stolz war, durch eine Unachtsamkeit von Honecker immerhin aus den zwanzig Zentimetern Meter gemacht zu haben.

Die DDR schickte mobile Einsatzkommandos los, die links und rechts entlang der Streifen patrouillierten. Aber die Ausbeute war enttäuschend. Die weitaus meisten Westdeutschen bretterten schnellstmöglich über die Autobahn, und die geringe Qualität des Essens in den DDR-Raststätten trug wohl das Ihrige dazu bei, kaum Reisende zum Verweilen einzuladen. So kam es erst 1976, fast fünf Jahre nach Unterzeichnung des Abkommens, zum ersten Fall: Holger Danzer, ein elfjähriger Knabe aus Wiesloch-Rauenberg, entfernte sich bei einer kurzen Toilettenpause seiner Eltern aus dem Schutzstreifen. Bevor er aufgegriffen wurde, soll Danzer wüste Verwünschungen in Richtung seiner Eltern von sich gegeben haben und leistete angeblich keinen Widerstand. Vorausgegangen war wohl eine Diskussion über Jeansmarken.

Holger wurde nach seinem Aufgreifen von den DDR-Behörden als elternloses Kind behandelt und zur Adoption freigegeben. Nur acht Stunden später hatte er ein neues Zuhause in Borna, bei Hans-Joachim und Dagmar Smicek. Die Smiceks waren privilegiert behandelt worden, da beide SED-Mitglieder waren und Hans-Joachim Smicek zudem Brigadier in einer Aktivistenbrigade.

Nach anfänglicher Freude kam es bald zu heftigen

Debatten zwischen Holger Danzer und den Smiceks. Seine schon recht ausgeprägten Kleiderwünsche waren in Borna praktisch nicht erfüllbar. Sein Tagesablauf, der über Jahre hinweg stark am Fernsehprogramm orientiert gewesen war, kam vollkommen durcheinander, da in Borna lediglich das Programm DDR 1 akzeptabel zu empfangen war. Argumentativ konnten ihm die Smiceks nicht immer beikommen und baten nach nur sechs Wochen die zuständigen Stellen um Rücktritt von ihrer Adoption. Man versuchte, Kontakt mit den Danzers in Wiesloch-Rauenberg aufzunehmen, jedoch zunächst ohne Erfolg. Erst durch eine Intervention des damaligen Bundesinnenministers Maihofer (FDP) gelang es, die leiblichen Eltern zu einer Rücknahme von Holger zu verpflichten. Die Danzers zeigten sich sehr erleichtert und gaben an, ein vollkommen verändertes Kind erhalten zu haben. Holger sei nach seiner Bornaer Zeit deutlich folgsamer und anspruchsloser gewesen.

Inzwischen hatte die Angelegenheit über die Transitautobahn die Runde gemacht. Zwar wusste man nichts Genaues, weshalb die ganze Geschichte immer ein Gerücht blieb, das man sich hinter vorgehaltener Hand zuraunte. Dennoch waren alle Reisenden auf der Strecke wachsamer als sonst. Die DDR zog bald ihre Einsatztruppen von den Schutzzonen ab, sodass Holger Danzer der einzige Fall seiner Art blieb. Er wurde später Industriekaufmann und ist bis heute unverheiratet.

IV

Die Scharfstein-Aussprache

Der Mathematiker Paulmartin Scharfstein unterbreitete 1950 einen Vorschlag zur Umstellung der deutschen Sprechweise. Statt der üblichen Formulierung »fünfundvierzig« sollte man jetzt beispielsweise »vierzigfünf« sagen. Scharfstein argumentierte, dass man mit dieser veränderten Systematik den internationalen Bruderstaaten näher käme, insbesondere dem Volk der Sowjetunion, in dessen russischer Sprache schon längst diese Reihenfolge angewandt werde. Außerdem sei es die logisch richtige Formulierung, da ja zuerst die Zehner- und dann die Einerpotenz genannt werde. Es sei durchaus möglich, dass Schüler, denen die neue Systematik beigebracht werden würde, wesentlich bessere Leistungen auf dem Gebiet der Mathematik erzielen könnten, weil Verwechslungen seltener vorkommen würden. Auch die Steuerung von Großmaschinen und andere technische Abläufe würden weniger störanfällig werden.

Bei einem Vorschlag von solcher Tragweite wurde natürlich die oberste Partei- und Staatsführung befragt. Ulbricht war der Idee zunächst zugetan, obwohl er wegen seiner eigenen begrenzten Möglichkeiten ihre praktischen Auswirkungen wohl nicht in vollem Umfang erfasste. Er

war begeistert von der Möglichkeit, bessere Entwicklungschancen als die westdeutschen Sektoren zu haben, und hoffte auf die Zustimmung Stalins zur Verrussischung der deutschen Sprache.

Ulbricht wies eine wohlwollende Prüfung des Vorschlags an. Doch dann kam es zu Problemen. Der Staatsführung kam zu Ohren, dass Scharfstein die neue Aussprache bereits in seiner Fakultät einsetzte und sie dort als »Scharfstein-Aussprache« bezeichnet wurde. Diese Art von Egoismus schätzte die DDR-Führung keineswegs. Auch erwies sich, dass Scharfsteins Vorschlag außerordentlich radikal war. Selbst für die Zahlen von elf bis neunzehn plante er, seine neue, strikt am Dezimalsystem orientierte Aussprache einzuführen (zehneins, zehnzwei usw.). In diesem Zahlenbereich gab es auch im Russischen sowie in nahezu allen anderen Sprachräumen eigene Namen für die Zahlen, die vermutlich ihre Wurzeln in der Tatsache haben, dass der Mensch nicht nur zehn Finger, sondern auch zehn Zehen besitzt und sich daher den Zahlenraum bis zwanzig auf eine sehr urtümliche Art erschließt.

Die Recherchen ergaben ferner, dass mit der Scharfstein-Aussprache auch eine Annäherung des (Ost-)Deutschen an die englische und die französische Sprache gegeben wäre. Das Blatt wendete sich radikal. Scharfstein wurde unter Beobachtung durch das Ministerium für Staatssicherheit gesetzt, weil man einen Infiltrationsversuch imperialistischer Kreise nicht mehr ausschließen konnte. Als Ulbricht dann hörte, dass der Gründungstag der DDR fortan »Siebter Oktober Zehnneunhundert-vierzigneun« heißen müsste, erteilte er die Anordnung, den Scharfstein-Vorschlag ablehnend zu bescheiden und Scharfstein seiner Funktionen an der Fakultät zu entheben.

Der Mathematiker entfernte sich daraufhin illegal aus dem Staatsgebiet der DDR und machte eine glänzende Karriere als Betreiber von Kindertagesstätten in Hessen.

V

Die Lomonossow-Quote

Bekanntermaßen waren die DDR und die Sowjetunion die einzigen Länder, zwischen denen die Bestim-
mungen des RGW funktionierten. Als Gegenmodell
zur EWG gedacht, war der »Rat für Gegenseitige Wirtschaftshilfe« eigentlich so konzipiert, dass jedes Mit-
gliedsland sich ganz auf seine Stärken konzentrieren
konnte und dadurch ein riesiges sozialistisches, nicht
von interner Konkurrenz belastetes Wirtschaftsgebiet
entstehen sollte. Grundsätzlich ein guter Gedanke, scheiterte die Umsetzung jedoch daran, dass die Ostwährun-
gen nicht konvertierbar waren und jedes der beteiligten Länder alles tat, um an Devisen heranzukommen.
So scherten sich Jugoslawien und Ungarn schon früh
nicht mehr um die RGW-Vorschriften, aber auch Polen
und Bulgarien gingen eigene Wege, wenn sie konnten. Rumänien zeigte sich loyal, hatte aber keine nen-
nenswerten Stärken, die es hätte einbringen können,
seit Ceaușescu das gesamte Nationaleinkommen in
den Bau seines Regierungspalasts in Bukarest gesteckt
hatte.

So kooperierten nur die DDR und die Sowjetunion, die
DDR als Musterschüler und Frontstaat an der System-

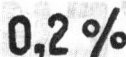

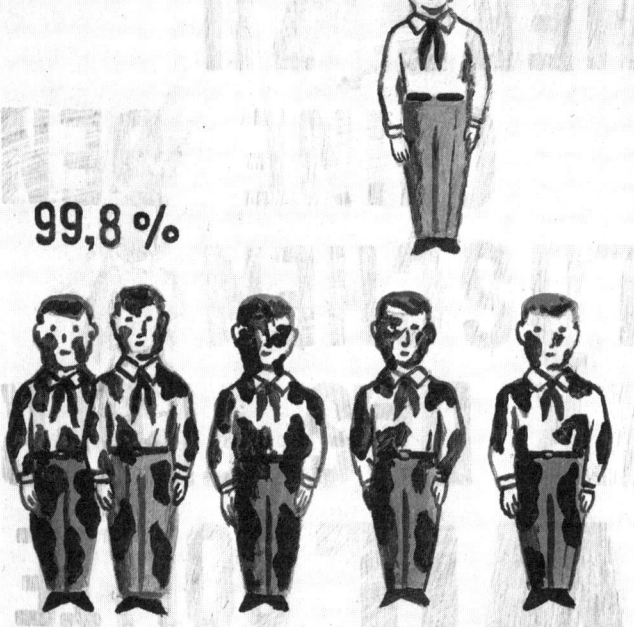

LOMONOSSOW-QUOTE
am Beispiel von Pionieren nach
dem Besuch eines Braunkohle-Tagebaus

grenze einerseits und die Sowjetunion andererseits als Gebiet, das so riesengroß war, dass schon aus statistischen Gründen der ein oder andere Betrieb zwangsläufig funktionieren musste.

Die sowjetische Führung ließ bereits 1959 eine Untersuchung in Auftrag geben, die aufdecken sollte, warum bestimmte Fabriken mustergültig arbeiteten und brauchbare Waren herstellen konnten. Das resultierende Gutachten von Wissenschaftlern der Moskauer Lomonossow-Universität belegte eindeutig, dass die Effizienz dieser Betriebe nur darauf zurückzuführen war, dass in der Sowjetunion mehr als siebzehntausend verschiedene Fabriken, Kombinate und Betriebe existierten. Obwohl die überwiegende Zahl von ihnen ineffizient und schlampig arbeitete, erwies es sich als statistisch nicht möglich, dass eine Quote von 99,8 Prozent solcher Fertigungsstätten überschritten wurde. Daher mussten 0,2 Prozent der Fabriken effizient arbeiten, was immerhin vierunddreißig Betriebe taten. Diese Zahl reichte aus, um mit einem Land von der Größe der DDR zu kooperieren.

Das Gutachten wurde umgehend zur geheimen Verschlusssache deklariert und die erstellenden Wissenschaftler mit hohen Orden sowie Lehrstühlen an der Universität von Wladiwostok geehrt. Diese Professuren mussten innerhalb von vierundzwanzig Stunden angetreten werden, andernfalls wurde den Wissenschaftlern mit Arbeitslager im fernen Osten gedroht.

Die Lomonossow-Quote konnte nach dem Fall des Eisernen Vorhangs auch in so unterschiedlichen Zusammenhängen wie dem Fernsehprogramm von Privatsendern oder der Vorhersagegenauigkeit von Wetterberichten exakt reproduziert werden.

VI

Der Jamaika-Plan

Ende der Siebzigerjahre begannen die DDR-Medien lautstark die Drogenprobleme der westdeutschen Jugend zu thematisieren. Kaum bekannt ist in diesem Zusammenhang, dass im Vorfeld zu dieser Frage keinesfalls Einigkeit im Politbüro geherrscht hatte, denn die Drogenpolitik wurde zu dieser Zeit längst als wichtiges sozialpolitisches Instrument zur Stützung des Landes begriffen. Die stets ausreichende Versorgung der Bevölkerung mit Alkohol und Zigaretten war ein Fakt vom ersten bis zum letzten Tag der DDR. Dieser volkswirtschaftliche Kraftakt musste oft unter Aufbringung der letzten ökonomischen Reserven geleistet werden. In den Jahren 1964 und 1982, in denen es zu schlimmen Missernten der heimischen Tabakanpflanzungen kam, arbeitete die gesamte Meißener Porzellanmanufaktur praktisch ausschließlich für Tabak der Güteklasse 3 aus ostafrikanischen Ländern.

In diesem Zusammenhang war die Position des Politbüros zu einer Erweiterung der Rauschmittelpalette daher zunächst uneinheitlich. Zwar sah man die Hippiebewegung als bourgeois an, andererseits wuchsen Cannabis und Opium in vielen Bruderstaaten. Marx

hatte sich gegen die Religionen als »Opium des Volkes« geäußert, aber nicht gegen das Opium an sich. Neben den lateinamerikanischen Bruderstaaten und Regionen wie Usbekistan war mit der Besetzung Afghanistans durch die Sowjetunion ein weiteres Produzentenland hinzugekommen, von dem unklar war, wie es die Wirtschaftshilfe aus den sozialistischen Ländern jemals zurückzahlen sollte, wenn nicht mit Drogen. Abgesehen davon wollte man die Jugend für sich gewinnen, die zunehmend nach Westen schielte. Mit einer offenen Drogenpolitik hoffte man, möglicherweise sogar eine gewisse Ausreise von West nach Ost in Gang setzen zu können. Zwar war man sich darüber im Klaren, welche Art von Übersiedlern man dadurch gewinnen könnte, aber allein die Verbesserung des Zahlenverhältnisses der Ausreisen zugunsten der DDR wäre ein großer ideologischer Gewinn gewesen, den man propagandistisch ausschlachten wollte.

Zur Klärung der Frage entschloss man sich 1979 endlich zum Feldversuch: Die Teilnehmer eines internationalen Zeltlagers von Funktionären der Freien Deutschen Jugend (FDJ) und befreundeten sozialistischen Jugendorganisationen am Werbellinsee erhielten am Abschlussabend einen mit großen Mengen schwarzen Cannabis' aus Afghanistan versetzten Schwarztee. Keiner beschwerte sich über den veränderten Geschmack, die seinerzeit üblichen grusinischen Teemischungen waren sehr veränderlich in ihrer Zusammensetzung und Güte. Die Ereignisse dieses 28. Augusts entsetzten jedoch die staatlichen Organe über alle Maßen. Die Jugendlichen entledigten sich ihrer Verbandskleidung und fingen vor Beginn der vorschriftsmäßigen Diskothek mit der Aufführung zügelloser Tänze an. Zwei Stunden nach dem Abendbrot wurden die Räumlichkeiten der Küche aufgebrochen und von den Besuchern des Zeltlagers gestürmt. Die dort befindlichen Lebensmittel wurden vollständig aufgebraucht, einschließlich des in der Kühltruhe in großen Würfeln gelagerten Schweinetalgs, den ein ungarischer Funktionär praktisch im Alleingang gegessen haben soll. Der Abschlussrede des Lagerleiters wurde keinerlei Aufmerksamkeit gezollt außer ein paar haltlosen Provokationen einer Delegation aus Jugoslawien, die angeblich einer FDJ-Gruppe aus Dresden gegolten haben sollen.

Da solche Unannehmlichkeiten bei dem üblichen Dauerkonsum von Alkohol durch die gleichen Jugendlichen zu keinem Zeitpunkt aufgetreten waren, entschloss man sich zu einer restriktiven Handhabung neuer Rauschmittel. Der Propagandaplan mit dem Arbeitstitel »Jamaika« verschwand wieder in den Schubladen, und erste Berichte von Drogentoten in Hamburg und Westberlin wurden in der »Jungen Welt« abgedruckt.

Spätere Untersuchungen des Zwischenfalls ließen darauf schließen, dass die dem Tee beigefügte Menge an Cannabis in Qualität und Quantität viel zu hoch gewesen war. Da es sich um eine offizielle Anfrage der Regierung der DDR gehandelt hatte, scheute die Regierung der sozialistischen Republik Afghanistan keine Kosten, Cannabis in bester Qualität zur Verfügung zu stellen. Die

Lagerbesucher, die nach der Wende befragt werden konnten, gaben einhellig an, nie wieder einen so intensiven Rausch erlebt zu haben.

VII

Der Rote Kämpfer

Die Humboldt-Universität zu Berlin und das ihr ange-
schlossene Naturkundemuseum lagen nach der Sektoren-
aufteilung auf Ostberliner Gebiet. Somit fielen die Kennt-
nisse und Erfahrungen über den Modellbau von Insekten
ebenfalls der DDR zu. Insbesondere die Modelle, die Wil-
helm Pulsnitz um die Jahrhundertwende für das Museum
erstellt hatte, galten als Meisterwerke ihrer Zunft.

Jörg Pape, wissenschaftlicher Mitarbeiter des Natur-
kundemuseums, promovierter Biomechaniker und NVA-
Leutnant der Reserve, kam nun 1972 auf den Gedanken,
die militärische Nutzbarkeit dieser Erfahrungen zu prü-
fen. Gemeinsam mit der Löbauer Offiziershochschule der
Landstreitkräfte und dem Institut für Festkörperphysik
führte er jahrelange Versuchsreihen durch. Bald kam die
Arbeitsgruppe darauf, dass der biomechanische Aufbau
der roten Waldameise von unübertroffener Stabilität war.
Dieses Tier konnte problemlos das Zwanzigfache seines
eigenen Körpergewichtes transportieren und verbrauchte
dabei selbst kaum Nahrung.

Die Arbeitsgruppe erstellte im Maßstab 20:1 das
Modell einer mechanischen Waldameise für militärische Zwecke. Die Konstruktion war beeindruckend. Der

32

Modell:
Roter Kämpfer

2 Giftgas-Düsen

2T

Maßstab 1:20

»Roter Kämpfer« genannte Aufbau wog hundert Kilogramm, konnte dabei aber zwei Tonnen Munition transportieren und mit Präzision ins Ziel schleudern. Durch die sechs mechanischen Beine war das Kampfgerät problemlos in jedem Gelände einsetzbar und verbrauchte geringste Mengen Kraftstoff. Als Reminiszenz an die Natur hatten Pape und seine Mitarbeiter sogar im Vorderteil des Gefährts zwei Düsen für die Freisetzung von Giftgas montiert.

Die DDR-Führung war begeistert, und Honecker hatte das Modell bei seinem nächsten Staatsbesuch in Moskau im Gepäck. Breschnew aber mochte den »Roten Kämpfer« auf den ersten Blick nicht und sagte »Njet«, ohne sich weiter gehend zu informieren. Da im Ostblock nur die Sowjetunion die technischen und praktischen Voraussetzungen für die Serienfertigung eines solchen Kampffahrzeugs besaß, wurde das ehrgeizige Projekt nie weiterverfolgt. Pape war verbittert und nahm die Arbeit an einem der Libelle nachempfundenen Fluggerät auf, mit dem er sich zwei Jahre später bei günstigen Windverhältnissen unter Vermeidung der verhassten BRD direkt bis nach Frankreich absetzen konnte.

VIII

Die Entdeckungen des Jan Gruhle

International führend war die DDR auf dem Gebiet der Esterherstellung. Diese Ersatzstoffe für alle Geschmacksrichtungen waren in dem nördlich gelegenen Land mit seinen begrenzten Deviseneinnahmequellen von wesentlicher Bedeutung. Selbst die Lieferungen des sozialistischen Bruderlandes Kuba bestanden nur aus geringen Mengen minderwertiger Apfelsinen. Orangensaft wurde daher mithilfe von Apfelsaft, Lebensmittelfarbe und eben Estern hergestellt, Ketchup mithilfe von Apfelbrei, Gewürzen, Lebensmittelfarbe und Estern. Ohne Lebensmittelfarbe und Ester wäre das Warenangebot in den Kaufhallen auf weniger als ein Viertel geschrumpft.

1983 entdeckte ein junger Chemiker bei der Suche nach dem richtigen Ester für die Passionsfrucht eine völlig neue Geschmacksrichtung. Die chemische Formel war noch in keinem internationalen Register verzeichnet, und Jan Gruhle meldete ein internationales Patent an. In diesem Jahr wurde er zum gefeierten Teilnehmer aller internationalen Kongresse für Lebensmitteltechnologie, weil zuvor über zwanzig Jahre kein neuer Ester entdeckt worden war und die Vermutung nahelag, dass die chemischen Möglichkeiten ausgereizt sein könnten.

12 mm

Jangru (Brasilien)

Die Geschmacksrichtung setzte sich dennoch nicht durch. Die neue Verbindung, nach dem Namen ihres Erfinders »Jangru« getauft, machte ein der Kumquat nicht unähnliches, jedoch leicht faulig schmeckendes, dabei säuerliches Aroma, für das keine Verwendung zu bestehen schien. Weder als Zusatz zu Reinigungsmitteln noch als Zutat zu Milchspeisen sah man eine Einsatzmöglichkeit. Gänzlich ausgeschlossen war die Herstellung einer Limonade allein auf Grundlage des neuen Aromas. Gruhle zeigte sich ob dessen enttäuscht, weil eine eigene Limonade praktisch die Krönung eines jeden Esterproduzenten war. Stattdessen musste er mit ansehen, wie die Maracujabrause in der DDR legendäre Erfolge feierte.

Nach der Wende reiste Gruhle nach Brasilien. Er hatte sein Leben der Imitation tropischer Genüsse gewidmet, nun war er an den Originalen interessiert. Zunächst jedoch verlief seine Reise enttäuschend. Gruhle empfand den Geschmack echter Mangos, Passionsfrüchte und Nektarinen als zu unnatürlich, wenig vollmundig. Wie überrascht war er jedoch, als er mitten im Urwald eine kleine, unscheinbare rote Beere entdeckte. Geruchs- und Geschmacksproben ergaben unzweifelhaft, dass es sich um echte Jangrufrüchte handeln musste. Gruhle schrieb an das Britische Museum, und tatsächlich war die Pflanze vorher noch nicht beschrieben worden. Zum ersten Mal war ein Ester vor seinem natürlichen Vorbild entdeckt worden.

Gruhle konnte seine Veröffentlichung zu diesem Thema leider nicht mehr fertigstellen und auch seinen späten wissenschaftlichen Ruhm auf internationalen Kongressen nicht feiern lassen. Er starb wenige Wochen nach seiner Entdeckung infolge umfangreicher gustatorischer Experimente an schweren Organschäden. Wie der Entdecker nicht wissen konnte, ist die bis heute nach ihm benannte Jangrufrucht eine der giftigsten Pflanzen der Welt.

IX

Strasberg in Bitterfeld

Kunst und Kultur kamen in Ostdeutschland eine besondere Bedeutung zu. Eine blühende Kultur verstand man
als besondere Chance der Abgrenzung von Westdeutschland. Andererseits wünschte man natürlich nur ein Kul-
turschaffen, das die DDR in all ihren Aspekten positiv
darstellte. Und man suchte nach Wegen, um die Verbun-
denheit der Künstler mit der Arbeiterklasse zu stärken,
denn trotz aller Bemühungen bildeten die Künstler eine
gewisse elitäre Schicht innerhalb der Gesellschaft. Bekannt
wurden die Bemühungen auch als »Bitterfelder Weg«, mit
denen die Forderung Ulbrichts umgesetzt werden sollte:
»…in Staat und Wirtschaft ist die Arbeiterklasse der
DDR bereits Herr. Jetzt muss sie auch die Höhen der Kultur stürmen und von ihnen Besitz ergreifen.« Nach den
Bitterfelder Konferenzen von 1959 bis 1964, auf denen
sich Berufsschriftsteller und schreibende Arbeiter trafen, kam es zwar zu vereinzelter kultureller Zusammenarbeit zwischen Schriftstellern und Betrieben, aber nur
wenige Autoren waren gewillt, länger in der Produktion
zu arbeiten.

Aus erklärlichen Gründen kaum bekannt wurde jedoch
ein Projekt, das vom stellvertretenden Vorsitzenden des

Wandzeitung 1964

Unsere Besten:

Fritz Heckert - ein Vorbild für alle

Kollege Anselm Brutz

Ministerrates für Kultur und Erziehung und ehemaligen Kulturminister Abusch und der Schauspielschule »Ernst Busch« entwickelt worden war. Darin wollte man jungen Schauspielern die Alltagsrealität der Arbeiterklasse vermitteln. Man wünschte aber eine wahrhaftige Erfahrung, ohne jegliche Vorspiegelung oder Schönfärberei. Dabei spielten sicherlich auch die Eindrücke eine große Rolle, die Abusch wahrend seiner Exilzeit in Paris und Mexiko durch Lee Strasbergs *method acting* gewonnen hatte. Abusch war jedoch klug genug, diesen Umstand nicht weiter zu erwähnen, da das Zentralkomitee jeglichem westlichen Einfluss mit profundem Misstrauen begegnete. Jedenfalls setzte man die zuverlässigsten Schauspielstudenten und -studentinnen der Abschlussklasse von 1963 kurzerhand als Lehrlinge in Produktionsbetrieben ein. Den Studierenden wurde versprochen, dass sich dieser Einsatz positiv auf ihr weiteres Berufsleben auswirken würde, insbesondere bezüglich eines möglichen Engagements auf großen Bühnen nach Abschluss ihres Studiums. Bedingung war, dass sie sich unter keinen Umständen zu erkennen geben durften. Sieben Studenten stimmten zu, und das ungewöhnliche Experiment konnte beginnen.

Die Studenten wurden als Lehrlinge in vollkommen unterschiedlichen Berufszweigen der Industrie eingesetzt. Die einzige Studentin unter ihnen wurde in der Textilindustrie tätig, ihre männlichen Kommilitonen arbeiteten in der chemischen Industrie, in Baubrigaden und einem Elektroapparatewerk. Hatte im Zentralkomitee Uneinigkeit über das Experiment an sich geherrscht, weil einige namhafte Genossen sich dagegen aussprachen, ehrliche Arbeiter hinters Licht zu führen, so hätte doch niemand damit gerechnet, auf welche Art und Weise dieser Versuch misslingen könnte.

Binnen kürzester Zeit hatten sich alle Schauspieler bestens in ihre Arbeitswelt eingearbeitet. Sie waren bei ihren Kollegen beliebt, da sie stets gekonnt Anekdoten und Witze zu erzählen wussten und westliche Schauspieler imitieren konnten. Auf den zahlreichen Partei- und Gewerkschaftsversammlungen argumentierten sie geschickt und rhetorisch überzeugend, sodass diese Versammlungen durch ihre Mitwirkung lebhafter und interessanter wurden und das allgemeine Interesse der Werktätigen daran stieg. Auch die Bewältigung praktischer Anforderungen fiel keinem der Versuchsteilnehmer sonderlich schwer. Ganz im Gegenteil, die meisten von ihnen erfüllten die vorgegebenen Normen spielend und brachten binnen Kurzem umfassende, gründlich durchdachte Neuerungsvorschläge zur sinnvolleren und effektiveren Gestaltung der Arbeit ein. Die Betriebsleitungen auf mittlerer Ebene, die ebenfalls nicht eingeweiht worden waren (zur Wahrung der Authentizität waren ausschließlich die obersten Funktionäre der betroffenen Betriebe informiert worden), zeigten sich begeistert, und innerhalb der ersten vier Wochen des Experiments waren die Fotos aller Studenten auf der *Tafel der Besten* des jeweiligen Betriebs aufgehängt.

Als sechs der sieben Studenten auf Drängen der Brigadeleiter nach nur zwölf Wochen ihre Neuerungsvorschläge schriftlich einreichten, gerieten die Betriebsleitungen in Zugzwang. Die Vorschläge hatten Hand und Fuß, und den Studenten hätte jedenfalls eine Auszeichnung als Neuerer sowie eine Prämie zugestanden. Die prämierten Vorschläge der Vorjahre waren im Vergleich zu den Einreichungen der Schauspieler qualitativ weit unterlegen. Die Betriebsleiter forderten dringend eine Sitzung mit den verantwortlichen Funktionären im Zentralkomitee. Auf dieser Sitzung soll es dann zu heftigen Diskussionen gekommen sein. Die Betriebsleiter, die das Experiment anfänglich belächelten, hatten jetzt das Gefühl, von einer Art fünften Kolonne unterwandert worden zu sein. Sie fürchteten um das Ansehen ihrer Betriebe bei der Staatsführung und drängten auf eine Beendigung des Experiments. Sie wollten unbedingt die Studenten wieder aus ihren Betrieben herausbekommen. Erregt argumentierten die Betriebsleiter, dass jeder über einen kurzen Zeitraum schnell und effektiv arbeiten könne, dies aber kein Abbild einer Lebensarbeitsleistung sei.

Dem Zentralkomitee war die ganze Angelegenheit ausgesprochen unangenehm. Eilig rief es die Schauspieler nach Berlin. Diese zeigten sich allesamt begeistert von ihrer Arbeit und gaben an, den Berufsalltag sehr zu genießen. Einer von ihnen hatte sich schon in der Betriebstheatergruppe des Erdölverarbeitungswerks Schwedt angemeldet, wieder andere schwärmten von der ungezwungenen Atmosphäre und ihren großen schauspielerischen Erfolgen in der Kantine. Die Mitteilung, dass das Experiment beendet sei, löste bei ihnen allen Enttäuschung aus. Tatsächlich erklärte Anselm Brutz, jedenfalls im VEB Feuerfest Wetro verbleiben und seine Schauspiellaufbahn beenden zu wollen. Nach einigen Diskussionen konnte dieser Wunsch in Absprache mit dem betreffenden Betrieb erfüllt werden.

Die anderen Studenten bekamen vereinbarungsgemäß feste Engagements an den besten Bühnen des Landes unter der Auflage strengsten Stillschweigens. Da die Grundlage dieser Engagements die Teilnahme an dem Experiment und nicht ihre schauspielerischen Talente waren, wunderten sich die Kollegen einiger Beteiligter und das Publikum noch Jahre später über den Grund für ihre Einstellung.

Anselm Brutz wurde kurze Zeit nach Beendigung des Experiments Leiter einer Jugendbrigade, die er in Erinnerung an seine Vergangenheit nach dem großen Ernst Busch benannte.

X

Helge Schönbaum und seine »Mattscheiben«

Weitgehend bekannt ist die Geschichte des »Tals der Ahnungslosen«. Genau genommen waren es zwei Täler. Sowohl im Großraum Dresden als auch in Ostvorpommern gab es zwei relativ ausgedehnte Gebiete, in denen kein Empfang von Westfernsehen möglich war, wobei das sächsische »Tal« bei Weitem am größten und bevölkerungsreichsten war. Die dort lebenden Bürger empfanden dieses Manko als eine empfindliche Einschränkung ihrer Lebensqualität und versuchten alles, um den begehrten Fernsehempfang herzustellen. Bäume wurden bestiegen, endlose Kabelschlangen inoffiziell gezogen, verschiedenste Antennenkonstruktionen probiert: Bis in die Achtzigerjahre blieb es dabei, dass ein Empfang von Westfernsehen in diesen Gebieten unmöglich war. Das führte zu den skurrilsten Randerscheinungen. Dresdner Familien gingen Zweckbündnisse mit entfernten Verwandten in Berlin oder Thüringen ein, nur um einige Stunden Westfernsehen zu genießen. Andererseits zerbrachen auch einige Familien beinahe an dem Umstand, dass die sächsische Verwandtschaft lediglich zwischen Sendeschluss und Programmbeginn zu einem ungezwun-

genen Gespräch bereit war. Es gab sogar Fälle von Kindern mit beginnender Rachitis, weil diese ihre gesamten Sommerferien vor Fernsehapparaten in Wohnungen irgendwo jenseits des Tals der Ahnungslosen verbrachten und dadurch viel zu wenig Sonnenlicht und Bewegung hatten.

Gänzlich in Vergessenheit geraten sind in diesem Zusammenhang heute die »Mattscheiben«, eine Schauspieltruppe, die in den Siebzigerjahren mit dem Westfernsehen nachempfundenen Programmen über die Lande zog. Sie erfreuten sich ausgesprochener Beliebtheit besonders bei der ländlichen Bevölkerung. Diese ging in großer Zahl zu den Vorstellungen der »Mattscheiben«, die meist in Kreiskulturhäusern und Dorfgaststätten auftraten und eine bunte Palette von Nummern zeigten: nachgespielte Sketche von Hallervorden ebenso wie Nachstellungen aus amerikanischen Serien wie »Bonanza«. Am ausgefallensten waren wohl ihre Versuche, auch westdeutsche Sportereignisse für ihr Publikum zugänglich zu machen.

Die »Mattscheiben« agierten lange Zeit äußerst erfolgreich im Hinterland. Der Leiter der Truppe, Helge Schönbaum, schrieb in seiner kleinen Berliner Mansardenwohnung Szenen aus dem westdeutschen Fernsehprogramm auf und studierte sie mit einem Ensemble von insgesamt vier Mitwirkenden ein. Dann fuhr die Truppe über Land und brachte den Stoff unter ihr dankbares Publikum. Sie spielten zwischen September und April fast täglich eine Vorstellung, wobei sie bis Mitte März in Sachsen auftraten und im April noch einen kurzen Abstecher nach Ostvorpommern machten. Die Reaktionen waren stets begeistert, die Truppe wurde aus dem Kulturhaushalt bezahlt, der jedem Bürgermeister zur Verfügung stand. Häufig bekamen die Darsteller, die ihrem Publikum über die Jahre ans Herz wuchsen, auch Schinken oder Blumen von ihrem Publikum geschenkt. Praktisch nach jeder Vorstellung wurden sie noch in den örtlichen Krug eingeladen, was durchaus nicht ungefährlich war. Denn Schönbaum war vorher jugendlicher Liebhaber am Theater der Altmark Stendal gewesen, hatte die Bühne jedoch nach einem Alkoholexzess während einer Vorstellung von »Drei Schwestern« verlassen müssen.

Das Ende der »Mattscheiben« kam, als Schönbaum glaubte, eine offizielle Anerkennung seines Ensembles bewirken zu müssen. Einerseits verband er damit die Hoffnung auf neue Publikumsschichten, andererseits konnte man durch eine sogenannte Einstufung seine Verdienstmöglichkeiten stark verbessern. Diese erhielt man, indem man vor einer behördlich eingesetzten Einstufungskommission vorspielte. Erhielt man daraufhin eine Einstufung, stand einem je nach Höhe der zugemessenen Stufe eine feste Gage zu. »Die Mattscheiben« wären dann nicht mehr allabendlich auf die Gewogenheit des jeweiligen Bürgermeisters angewiesen gewesen. Das jahrelange Tingeln durch die Provinz und die allabendlichen Auftritte in den Tälern der Ahnungslosen hatten Schönbaums Sinn für die Realität offensichtlich getrübt.

Der Auftritt vor der Einstufungskommission verlief katastrophal. Die »Mattscheiben« zeigten die größten Erfolge aus ihren Programmen, die nicht nur eine halbstündige Nachstellung der Quizshow »Am laufenden Band« mit Schönbaum in der Rolle des Rudi Carrell beinhalteten (Schönbaum hatte jahrelang an der Perfektionierung seines holländischen Akzents gearbeitet und schon häufiger mit dem Namenszug seines großen Vorbildes unterschrieben), sondern auch eine besonders gewalttätige Szene aus den »Rauchenden Colts«, die mit der Erhängung eines Delinquenten endete, sowie die Nachstellung des entscheidenden Spiels um die Meisterschaft der Bundesliga zwischen dem FC Bayern München und dem Hamburger Sport-Verein.

Die Einstufungskommission zeigte sich vollkommen perplex von dem dargebotenen Spektakel. Sie bestand praktisch ausschließlich aus Berliner Kulturschaffenden und Funktionären, die das alles natürlich im Original kannten. Eigentlich war es überraschend, wie lange sie dem Programm überhaupt zusahen. Vielleicht geschah es in der Erwartung, dass das bis dahin Gezeigte nur als Vorspiel für eine Abrechnung mit der Verlogenheit des Westfernsehens dienen würde. Nach achtzig Minuten wurde jedoch klar, dass es wohl keine diesbezügliche Wendung im Programm mehr geben würde. Die Vorstellung wurde vom Vorsitzenden in dem Moment abgebrochen, als Schönbaum gerade den legendären Kopfballtreffer des Hamburger Mittelstürmers Horst Hrubesch aus der 82. Spielminute in Szene setzte.

Das Ergebnis war vernichtend. »Die Mattscheiben« bekamen statt der erhofften Einstufung ein Auftrittsverbot. In der offiziellen Begründung hieß es, dass »die dargestellten Szenen von Wildwestjustiz nicht geeignet seien, auf den Bühnen der Deutschen Demonkratischen [sic] Republik Darstellung zu finden«.

Die Truppe brach auseinander. Für Schönbaum hatte das Ganze auch persönliche Konsequenzen: Seine damalige Lebensgefährtin Katrin Senz, die auch Ensemblemitglied und legendäre Imitatorin von Helga Feddersen war, beendete die Beziehung und nahm ein Engagement an der Ostseebühne Ralswiek an. Schönbaum glitt daraufhin in eine jahrelange, intensive Trinkphase ab. In den Achtzigerjahren versuchte er noch ein Comeback mit den »Flimmerkisten«. Aber die Zeit hatte ihn eingeholt. Die DDR-Führung hatte beide Augen zugedrückt, damit die Bewohner des »Tals der Ahnungslosen« sich von Vietnamesen eingeführte Satellitenanlagen kaufen konnten. Diese faktische Abschaffung des »Tals« bedeutete auch das Ende für Schönbaums damalige künstlerische Karriere.

Nach einer erfolgreichen Entwöhnungsbehandlung konnte er nach der Wende als Televerkäufer im holländischen Fernsehen Fuß fassen. Man kann ihn heute in seinem Wohnort Groningen antreffen. Sein Lieblingssatz soll angeblich lauten: »Was Rudi Carrell für das deutsche Fernsehen ist, bin ich praktisch fürs holländische Fernsehen.«

XI

Überleben im Todesstreifen

Manche Episode des Kalten Kriegs erscheint heute eher makaber. Dem damaligen Bundeskanzler Kiesinger waren die Opferzahlen an der innerdeutschen Grenze Ende der Sechzigerjahre zu gering. Dieser Umstand wird nur dann verständlich, wenn man berücksichtigt, dass Kiesinger in der von ihm geführten Großen Koalition die historische Möglichkeit sah, die von den Westalliierten dringend geforderten Notstandsgesetze durch das Parlament zu bringen, wozu man auch die SPD-Fraktion möglichst vollständig für dieses umstrittene Paket gewinnen musste. Daher ließ man keine Möglichkeit unversucht, das innenpolitische Klima im Sinne dieser Entscheidung zu beeinflussen.

Es wurde ein Referentenentwurf ausgearbeitet, der vorsah, westdeutsche Selbstmorde schwerpunktmäßig in der Nähe oder innerhalb der ostdeutschen Grenzsicherungsanlagen stattfinden zu lassen. Das Problem aber bestand darin, Lebensüberdrüssige an die innerdeutsche Grenze zu lenken. Bei geheim geführten Verhandlungen lehnten alle Chefärzte grenznaher Kliniken in Hof, Gießen und Lübeck eine Zusammenarbeit mit den Behörden kategorisch ab. Schließlich wurde durch das Ministerium

für gesamtdeutsche Fragen, damals unter Herbert Wehner, über die Boulevardpresse eine Meldung von einem unglücklichen Familienvater aus Hessen lanciert, der durch das selbstständige Betreten des Todesstreifens seinem Leben ein Ende bereitet habe. Die *Bunte* und *Das Neue Blatt* griffen diese Meldung gern und ungeprüft auf und veröffentlichten sie mit rührseligen Fotos und Berichten.

Tatsächlich löste diese Meldung eine kleine Serie von vermeintlichen Nachahmern aus. Insgesamt fünfzehn Männer – offenbar war diese Methode für Frauen vollkommen uninteressant – überwanden in den nächsten Wochen die Grenzbefestigungsanlagen von westlicher Seite und liefen zumeist schreiend und gestikulierend in Richtung Osten. Die ostdeutsche Regierung schien jedoch darauf vorbereitet gewesen zu sein. Allerdings ist es unklar, ob sie die propagandistischen Hintergründe der ganzen Kampagne durchschaut hatte oder ob sie bereits damals über Informanten in der westdeutschen Regierung verfügte. Jedenfalls wurde strikte Anweisung an die DDR-Grenztruppen gegeben, die Westflüchtlinge nur in Haft zu nehmen, nicht jedoch auf sie zu schießen.

Dies sorgte für einige Verwirrung, hatten die Flüchtlinge doch mit dem Leben abgeschlossen und meinten, in den sicheren Tod zu laufen. Nun fanden sie sich in Arrestzellen der Nationalen Volksarmee wieder. Interessanterweise weckte dieser Umstand bei allen Betroffenen den alten Lebenswillen. Doch sie konnten gegenüber den vernehmenden DDR-Offizieren ihre Handlungsweise nur schlecht begründen. Keinesfalls wollten sie den Eindruck erwecken, mit ihrer Tat den Wunsch nach Übersiedlung in die DDR zum Ausdruck gebracht zu haben. Andererseits wollten sie gegenüber den Vernehmern auch nicht aussagen, in den Grenzanlagen der DDR den sicheren Tod erwartet zu haben. Schließlich plädierten alle fünfzehn, übrigens vollkommen unabhängig voneinander, auf kurzzeitige geistige Verwirrung, hervorgerufen durch Stress oder Alkohol.

Für beide deutsche Staaten war es ausgesprochen schwierig, diese Männer wieder in ihre Heimat zurückzubringen. Zähneknirschend musste die westdeutsche Regierung einem Austausch der fünfzehn gegen die Besatzung eines angeblichen Fischkutters zustimmen, der vor der holsteinischen Küste aufgebracht worden war. Für die Fischerei technisch vollkommen unzweckmäßig war er aber vollgestopft mit modernster Funktechnologie. Diese Angelegenheit konnte aufgrund des rasch ausgehandelten Austauschs jedoch nicht näher untersucht werden.

Trotz dieses Debakels erreichte Kiesinger 1968 die Verabschiedung der Notstandsgesetze.

XII

Die gefoppten Romeos

Der wichtigste Rohstoff der DDR waren die Kinder. Wie überall in Europa wurde die Bevölkerung immer älter, hinzu kam aber der ständige Abfluss von jungen, qualifizierten Kräften in Richtung Westen. Also wurden erhebliche Ressourcen in die Förderung von Familien mit Kindern gesteckt. Bei Eheschließung beispielsweise wurde ein zinsloser »Ehekredit« gewährt. Mit der Geburt eines jeden Kindes wurde den jungen Familien jeweils ein Teil des Kredits erlassen, bei dem dritten Kind war er dann vollständig getilgt, eine Vorgehensweise, die »abkindern« genannt wurde. Das System war von Erfolg gekrönt: Die Geburtenrate der DDR lag um ein Mehrfaches über der Westdeutschlands und sogar noch geringfügig über der Polens.

Leider gab es einen ganz erheblichen Schönheitsfehler: Es waren vor allem die sozial Schwächeren, die von den zahlreichen finanziellen Möglichkeiten Gebrauch machten. Wie nämlich eine soziologische Erhebung zeigte, fanden sich in den Familien, die ihren Kredit vollständig »abkinderten«, überdurchschnittlich viele Eltern ohne Schulabschluss. Sehr zum Ärger der politischen Führung erwies sich die Hoffnung, dass man aus Kindern einfacher

<u>Soziologische Fakultät der Universität</u> Jena

Abteilung.........................

(Datum)

STRENG GEHEIM

18 Erft

(Kontrollstempel)

Betr. Geburtenrate der
        Deutschen Demokratischen Republik

Untersuchungsergebnisse

Anzahl der Kinder

| 8 |
| 7 |
| 6 |
| 5 |
| 4 |
| 3 |
| 2 |
| 1 |

Arbeiterfamilien Akademikerfamilien Sozial schwache
                                        Familien

Statistische Entwicklung

56

Familien Akademiker und Ingenieure machen könnte, als eine Illusion. Natürlich gab es solche Fälle, aber das blieben hochgepriesene Ausnahmen. Statistisch gesehen kamen Akademiker aus Akademikerfamilien, Arbeiter aus Arbeiterfamilien, und aus den sozial schwachen Familien kamen Kinder, die die Schule ohne Abschluss beendeten und ihr weiteres Leben zwischen Anlerntätigkeiten, Alkoholproblemen und neuen Kindern einrichteten. Die Akademiker und Ingenieure hingegen betrieben eine sehr zurückhaltende Familienplanung, setzten empfängnisverhütende Mittel ein und machten überdurchschnittlich häufig von der Möglichkeit eines Schwangerschaftsabbruchs Gebrauch. Der Ehekredit war für sie verhältnismäßig uninteressant, da man entsprechend höhere Einkommen bezog. Die Frauen richteten ihre Familienplanung zunehmend an der Karriere aus. So näherte sich die Geburtenrate in akademischen Kreisen bedrohlich genau den westeuropäischen Maßstäben an – ein Zustand, den man sich auf vielen anderen Gebieten so wünschte.

Entsprechende Untersuchungsergebnisse der soziologischen Fakultät der Universität Leipzig wurden zwar strengstens geheim gehalten, dennoch sann man im Politbüro darüber nach, wie dem Umstand der geringen Geburtenrate unter Akademikern zu begegnen sei. Unter keinen Umständen konnte das Problem öffentlich diskutiert werden, weil es dem Gründungsideal des »Ersten Arbeiter- und Bauern-Staats auf deutschem Boden« diametral entgegenlief. Andererseits brauchte man dringend qualifizierten Nachwuchs in einem praktisch rohstofflosen Land. Eine einkommensabhängige Staffelung des Ehekredits war politisch nicht gewollt, eine allgemeine Erhöhung wäre ökonomisch nicht zu bewältigen gewesen.

Es war der Minister für Staatssicherheit, Erich Mielke, der eine neue Idee in die Diskussion einbrachte. Er berichtete vom erfolgreichen »Romeo«-Programm des Ministeriums für Staatssicherheit: Attraktive junge Männer machten sich im Rahmen dieses Programms Frauen in Schlüsselpositionen in westlichen Ministerien und Industriebetrieben durch romantische Avancen und Sex gefügig. Unzählige Sekretärinnen und Referentinnen hatte man auf diese Weise als Quellen anzapfen können. Was, wenn man versuchen würde, die Erfahrungen aus diesem Programm auch zur Lösung des Kinderproblems im eigenen Land einzusetzen?

Die Idee wurde nach anfänglicher Skepsis interessiert aufgenommen. Warum sollte man es nicht versuchen? Mielke erhielt den Auftrag, mehr Romeos auszubilden, sodass man Mitarbeiter auch für den Inlandseinsatz abstellen konnte. Eine Unterabteilung wurde gebildet, und das Unternehmen »Rucksack« konnte beginnen. Angeblich hatte Mielke den Namen launig selbst bestimmt, in Anlehnung an die sogenannten »Rucksackbullen«, Besamungsfacharbeiter auf Motorrädern, die in der Rinderzucht tätig waren.

Doch das Unternehmen war nicht von Erfolg gekrönt. Das hatte viele Gründe. Einerseits gingen die ostdeutschen Akademikerinnen kaum aus. Die gastronomischen

Einrichtungen waren selten besonders einladend und wurden häufig von alkoholsüchtigen Männern frequentiert. Außerdem zeigten die ostdeutschen Akademikerinnen ein viel zu großes Interesse an ihren Forschungsprojekten und Arbeitsaufgaben, sodass sie häufig bis in die späten Abendstunden arbeiteten und keine Zeit zum Ausgehen hatten. Andererseits erwies es sich als nicht durchführbar, Mitarbeiter der Stasi in die entsprechenden Arbeitsumfelder einzuschleusen. Das erforderliche Wissen der Spitzel über physikalische Chemie oder Fotovoltaik reichte dazu nicht aus und wäre ihnen auch im Rahmen einer längeren Ausbildung nicht zu vermitteln gewesen, da »die entsprechenden kognitiven Voraussetzungen nicht vorhanden« waren, wie es in einer offiziellen Einschätzung hieß.

Denkbar waren nur Kontaktversuche mit Akademikerinnen der Geisteswissenschaften. In diesen Fakultäten fanden regelmäßig Feste und Zusammenkünfte statt, bei denen sich die Stasimitarbeiter einfinden konnten, ohne Aufsehen zu erregen. Doch auch hier geriet das Programm zu einem Fehlschlag. Dem Mitarbeiter mit dem Decknamen »Paul« unterlief ein schwerer Argumentationsfehler bei einer Diskussion über die Parallelen zwischen Dostojewski und Sartre. Sein Kollege »Max« wagte es, die Notwendigkeit einer Syntax als unbedingte Voraussetzung von Sprache in Zweifel zu ziehen. Beide machten sich mit diesen Bemerkungen unglaubwürdig und wurden für den Rest des Abends gemieden. Ihr weiterer Einsatz schien nicht mehr sinnvoll.

Als man nach einem Jahr Zwischenbilanz ziehen musste, kehrte große Ernüchterung ein. Es hatte sich aus mehreren Hundert Annäherungsversuchen überhaupt nur eine Schwangerschaft ergeben, bei der es mehr als unsicher war, ob diese durch einen Romeo oder nicht vielmehr durch den Ehemann der betreffenden Zielperson verursacht worden war. Etliche der Stasimitarbeiter waren dagegen infolge der wiederholten Zurückweisungen in psychotherapeutischer Behandlung. Bei näherer Betrachtung war das nachvollziehbar: Die Romeos waren Männer, die bezüglich sexueller Beziehungen bis dahin überdurchschnittlich erfolgreich gewesen waren. Ihre wiederholte Ablehnung durch äußerlich nicht immer besonders attraktive Frauen wurde von ihnen nun als harter Schlag erlebt. Das Projekt wurde stillschweigend zu den Akten gelegt.

XIII

Ein äußerst heikler Antrag

Welche Überraschung erlebte Bodo Schmied, Offizier der Staatssicherheit bei der Abteilung Inneres der Stadt Bernau, als er im Juli 1989 bei der Bearbeitung der morgendlichen Post einen offiziellen »Antrag auf ständige Ausreise aus der DDR« mit der Unterschrift Erich Honeckers vorfand. Natürlich konnte Schmied nur an einen üblen Scherz glauben. Da ihm die Angelegenheit jedoch politisch äußerst brisant und dringend erschien, setzte er umgehend seine Vorgesetzten in der Stasizentrale in der Normannenstraße telefonisch über das Schreiben in Kenntnis. Seine Vorgesetzten kannten ihn als pflichtbewussten und äußerst humorlosen Mann. Sie hatten daher von Anfang an keinerlei Grund, an seinen Worten zu zweifeln. Schmied wurde angewiesen, sofort seinen Arbeitsplatz unauffällig und ohne irgendetwas in seinem Zimmer zu berühren, zu verlassen. Auch seine persönlichen Sachen waren im Raum zu belassen. Schmied erhielt die dienstliche Anweisung, sich auf kürzestem Weg in sein Eigenheim nach Zepernick zu begeben, mit niemandem über das Schreiben zu sprechen und zu Hause auf weitere Anweisungen zu warten.

Kurz darauf machte sich ein großes Aufgebot an Spu-

Schreibmaschine Erika 100/105
VEB Schreibmaschinenwerk Dresden

rensicherern und hochrangigen Staatssicherheitsleuten an die Prüfung von Schmieds Büro. Sie bemühten sich um die Sicherstellung von Fingerabdrücken, sicherten den Brief und den Briefumschlag professionell und suchten das Büro nach weiteren Spuren ab. Obwohl außer dem Schreiben selbst nichts Relevantes gefunden werden konnte, ließ man das Büro versiegelt zurück, da man die Angelegenheit vollständig aufklären wollte, bevor man den Raum wieder freigab.

Dieses Unterfangen stellte sich jedoch viel komplizierter dar, als man es zunächst angenommen hatte. Die scheinbar naheliegendste Lösung, nämlich den Partei- und Staatsratsvorsitzenden selbst zu fragen, war praktisch ausgeschlossen. Handelte es sich bei dem betreffenden Schreiben um einen Scherz, hätte Honecker darüber sicherlich nicht lachen können. Im Gegenteil, eine streng geheime Sicherheitsbeurteilung der Stasi kam zu dem Ergebnis, dass eine Konfrontation Honeckers mit diesem Schreiben seiner Gesundheit absolut abträglich gewesen wäre. Und in dem aberwitzigen Fall, dass Honecker tatsächlich selbst Autor des Ausreiseantrags gewesen war, konnte man davon ausgehen, dass er auf Nachfragen sicher nichts zur Lösung des Falls beigetragen hätte.

Formal war das Schreiben vollkommen in Ordnung. Es war korrekt adressiert, die Abteilung Inneres der Stadt Bernau wäre für Ausreiseanträge Honeckers zuständig gewesen, da dieser seine Meldeadresse in der nahen Wandlitzer Waldsiedlung hatte. Ferner war es auf dem besten in der DDR erhältlichen Schreibmaschinenpapier ver-

fasst, wie es in dem Laden auf dem Gelände der Waldsiedlung, aber mit etwas Glück auch überall sonst erhält-
lich war. Geschrieben war der Antrag mit einer Schreibmaschine der Marke Erika, wie es sie zu Zehn-, wenn
nicht Hunderttausenden in der DDR gab. Die Unterschrift
glich exakt der Honeckers, allerdings war nicht einmal
die grafologische Untersuchung sehr ergiebig, da diese
Unterschrift im Faksimile auch in zahlreichen Büchern
und Schreiben vorlag, sodass ihre Fälschung leicht möglich war. Auf dem Papier fand man lediglich zwei Ab-
drücke Bodo Schmieds.

Auch inhaltlich war das Schreiben so formuliert, dass
es von Honecker hätte stammen können, denn der (an-
gebliche) Honecker bittet darin, in die BRD übersiedeln
zu dürfen, und führt die Freizügigkeitsklausel der Dekla-
ration von Helsinki als rechtliche Grundlage seines Wunsches an. Er argumentiert, dass er aufgrund seiner Position in vierzig Jahren nur einmal seine über alles geliebte
Heimat, das Saarland, habe besuchen können, obwohl er
sogar schon im Rentenalter sei. Schließlich bittet er um
eine baldige Bearbeitung seines Antrags, da er möglichst
rasch in der ihm noch verbleibenden Zeit nach Neunkir-
chen übersiedeln wolle.

Im Ministerium für Staatssicherheit wurde eine Sonderkommission gebildet, die sich ausschließlich mit diesem rätselhaften Schreiben beschäftigte. Ein Teil der
Arbeit dieser Sonderkommission bestand pikanterweise
darin, die Aktivitäten Honeckers zu beobachten, um aus
ihnen eventuelle Hinweise auf das Schreiben ableiten zu

können. Aber man trat auf der Stelle und wurde schließlich von den Ereignissen im Herbst 1989 überrollt, welche die zu ermittelnde Angelegenheit gegenstandslos machten.

Bodo Schmied bezog die ganze Zeit über sein Gehalt, er erfuhr sogar die üblichen Höherstufungen. Schmied fühlte sich aber weiterhin an die dienstliche Anweisung gebunden, seinen Arbeitsplatz nicht zu betreten. Daher wurde erst im Rahmen einer Haushaltsprüfung der Stadt Bernau 1999 bemerkt, dass über fast zehn Jahre ein Mitarbeiter der Staatssicherheit weiter finanziert worden war. In dem darauf folgenden Gerichtsverfahren bekam Schmied nach eingehender Untersuchung Recht zugesprochen. Ausschlaggebend war, dass er sich auch in seiner aktiven Dienstzeit niemals eines rechtsstaatlichen Vergehens schuldig gemacht hatte. Das Gericht legte überdies in seiner Urteilsbegründung nahe, dass niemand anders als Schmied das Schreiben verfasst habe, das ihn so lange beurlaubte.

Besagtes Schreiben geriet im Zuge der Wendewirren in die Archive der CIA. Hier wurde es 2001 mit modernster forensischer Methodik untersucht. Mithilfe der Sichtbarmachung unter Spaltlicht im Kryoverfahren konnte am linken oberen Laschenrand des Briefumschlages ein Fingerabdruck sichergestellt werden, der eindeutig Erich Honecker zuzuordnen war.

XIV

Versuch und Irrtum

Besondere Blüten trieb in der DDR das, was man heute
Doping nennen würde. Vom Gesundheitsminister Lud-
wig Mecklinger wurde die Bemerkung kolportiert, dass
man, wenn es nicht international für Verwicklungen sorgen würde, eigentlich einen Facharzttitel für pharma-
kologische Sportmedizin einrichten könnte, der Ausbil-
dungsgang würde im Grunde schon lange bestehen. Es
war auch das Nationale Olympische Komitee der DDR,
das Ende der Siebzigerjahre den Vorstoß unternahm,
Doping nicht mehr unter Strafe zu stellen, sondern ge-
wissermaßen als olympische Disziplin zuzulassen. Der
damalige NOK-Präsident Manfred Ewald argumentierte
in geheimen Beratungen, dass doch schließlich alle An-
wesenden wüssten, dass kaum einer der Spitzensport-
ler nicht gedopt sei. Die NOKs anderer Nationen zeigten
sich nicht uninteressiert, insbesondere die USA und die
Sowjetunion sowie weitere westliche Länder waren sich
des Problems durchaus bewusst, der Lösungsvorschlag
von Ewald schien interessant, wenn auch den meisten der
Vorschlag einer eigenen Medaille für die verantwortlichen
Sportmediziner zu weit ging. Erst die Auseinandersetzun-
gen im Zusammenhang mit den wechselseitigen Boykotts

Die OTI-880245-Substanz

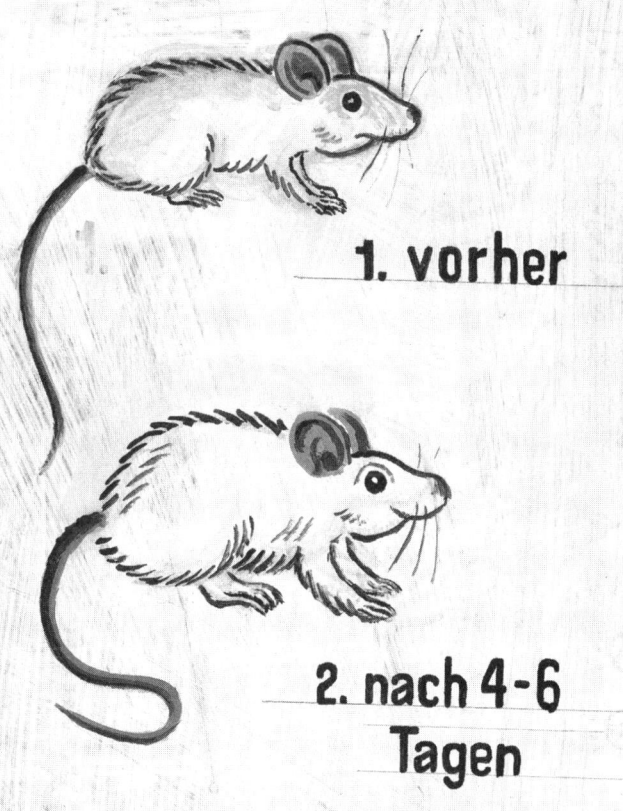

1. vorher

2. nach 4-6 Tagen

der Olympischen Spiele 1980 in Moskau und 1984 in Los Angeles verhärteten die Fronten zwischen den Blöcken und brachten Ewalds Initiative endgültig zu Fall.

Dessen ungeachtet wurden in der DDR weiterhin Mediziner, Pharmazeuten und Chemiker darin ausgebildet, Sportler bei der Erbringung von Spitzenleistungen chemisch zu unterstützen. Doch obwohl man stets um Effizienz bemüht war, unterlagen auch diese Forschungen dem wissenschaftlichen Grundprinzip von Versuch und Irrtum. Im Unterschied zu anderen Ländern wurde die Dopingforschung staatlich in jeder Hinsicht großzügig unterstützt. Man entwickelte neue Substanzen, probierte sie aus und musste sie dann in der Regel verwerfen, nur selten kam es zum gewünschten Erfolg. Häufig wirkten die Substanzen nicht, oder sie zeigten im Versuchsstadium so starke Nebenwirkungen, dass ihr Einsatz nicht in Frage kam.

Zu einer besonders bizarren Begebenheit kam es dabei 1988 im Zusammenhang mit der Substanz OTI-880245. In Tierversuchen zeigte sich diese steroidähnliche Verbindung als sehr vielversprechend: Die Versuchstiere entwickelten praktisch ohne Training überproportional kräftige Muskeln. Mischten die Forscher einem kleinen, in der Rangordnung weit unten stehenden Gammamännchen die Substanz in die Nahrung, dominierte es aufgrund seiner gewachsenen körperlichen Kraft schon nach vier bis sechs Tagen die gesamte Mäusepopulation. Man versprach sich Großes von OTI-880245.

Zum Bedauern der Forscher aber war die Anwendung

bei Menschen nicht möglich. Die erste Versuchsperson, die sich die Substanz verabreichen ließ, war ein gewisser Andreas Prinz, technischer Mitarbeiter des Jenaer Labors, in dem OTI-880245 entwickelt worden war. Trotz regelmäßiger Verabreichung der Substanz, die auf Prinz' eigenen Wunsch erfolgte, war auch nach mehreren Wochen noch kein Muskelaufbau erkennbar. Jedoch äußerte Prinz nach einiger Zeit die merkwürdige Beobachtung, in den Wochen seit Versuchsbeginn im Wortsinne verstärkten Stuhlgang zu haben. Nicht die Menge oder die Konsistenz des Stuhls seien bemerkenswert, sondern der Vorgang an sich werde von ihm stärker erlebt, ohne jedoch unangenehm zu sein. Die daraufhin eingeleiteten gründlichen Untersuchungen belegten, dass es zu einer überproportionalen Entwicklung seiner Schließmuskulatur gekommen war. Untersuchungen an zwei weiteren Menschen, einer Frau aus der Werksküche und einem Studenten der Zahnmedizin, bestätigten diesen merkwürdigen, kaum erklärlichen Untersuchungsbefund. Die Substanz musste verworfen werden. Andreas Prinz aber bat darum, die verbleibende Menge OTI-880245 für persönliche Zwecke behalten zu dürfen, eine Bitte, die ihm aufgrund seiner hohen Einsatzbereitschaft für das Projekt nach Rücksprache gewährt wurde.

XV

Legende auf vier Rädern

Legendär war das Automobil Trabant, ein Fahrzeug, das technisch seit den Sechzigerjahren nicht weiterentwickelt worden war und daher zum Ende der DDR in der Welt als technische Kuriosität belächelt wurde. Das trübte den Erfolg des Trabants keineswegs: Immer länger wurde die Wartezeit für das Gefährt, 1989 waren es vierzehn bis sechzehn Jahre, die man auf das Gefährt warten musste. Der Grund für diesen phänomenalen Erfolg war natürlich der Mangel an Alternativen. Es gab den Trabant, den technisch ebenso veralteten, etwas geräumigeren Wartburg oder nichts. Westautos bekam man nur gegen Westgeld, das man innerhalb der DDR kaum legal erwerben konnte.

Die Staatsführung legte größten Wert darauf, dass die Preise in der DDR stabil blieben, koste es, was es wolle. Da aber selbst der Trabant in den Achtzigerjahren nicht mehr zu dem günstigen Preis von achttausend Mark herstellbar war, setzte man den Lieferumfang des Autos standardmäßig immer weiter herab, ein Weg der verdeckten Preissteigerung. Für achttausend Mark bekam man kurz vor dem Ende der DDR noch den Motor und eine Achtzehner-Lenkstange – Reifen, Sitze, Karosserieüber-

Trabant 670

Entwurfsmodell
VEB Sachsenring Zwickau
Dipl.-Ing. Daniel Merz

Motor: 4-Zyl.-Viertakt-Ottomotor
Leistung: 23 DIN-PS bei 3800 U/min
Höchstgeschwindigkeit: 135 Km/h

bau und Türen wurden als kostenpflichtiges Zubehör ausgewiesen. Ein Parchimer Bürger versuchte 1986, einen Trabant für achttausend Mark in Grundausstattung zu erwerben, aber es war nicht möglich. Immerhin erreichte er, dass ihm aufgrund seiner daraus resultierenden Eingabe ein verkehrsfähiges Fahrzeug Trabant zum Preis von achttausend Mark geliefert wurde.

Kaum bekannt ist, dass noch bis 1975 eine Entwicklungsabteilung (EA) im VEB Sachsenring Automobilwerke Zwickau bestand, der Betrieb, in dem der Trabant hergestellt wurde. Dort saßen Ingenieure und Techniker mit dem offiziellen Auftrag, das Fahrzeug weiterzuentwickeln, obwohl sämtliche Weiterentwicklungen in den Papierkörben gelandet waren, seitdem der Trabant 601 im Jahre 1964 in Serienfertigung gegangen war. So kam es, dass in dieser Entwicklungsabteilung eine selbst für DDR-Verhältnisse außergewöhnlich schlechte Arbeitsmoral herrschte. Die Mitarbeiter kamen gegen zehn Uhr morgens zur Arbeit, tranken Kaffee und rauchten Zigaretten, um sich in der Regel nach einer ausgedehnten Mittagspause in den Feierabend zu verabschieden. Und das waren die besseren Tage. Zu jeder nur denkbaren Gelegenheit wurden Feste veranstaltet. Man beging die Geburtstage, Namenstage, Geburten von Kindern, den Beginn und das Ende eines jeden Urlaubs und viele Anlässe mehr mit ausgedehnten, alkoholgetränkten Feiern. »Ich gehe mal in die EA«, wurde zum geflügelten Wort unter den Mitarbeitern des VEB Sachsenring.

Nur ein junger Diplom-Ingenieur, der 1972 angestellt

wurde, ein gewisser Daniel Merz, wollte es nicht wahrhaben, wie die realen Zukunftschancen in der EA aussahen. Er war Absolvent der Technischen Universität Dresden, und seit frühester Kindheit hatte er von der Automobilentwicklung geträumt. Jeden Morgen betrat Merz pünktlich die Büroräume, die sich erst einige Stunden später füllten. Niemals ging er auch nur eine Minute früher nach Hause oder rührte in seiner Arbeitszeit Alkohol an. Während die anderen ihrem gewohnten Ablauf nachgingen, saß er emsig über seinem Reißbrett und arbeitete. Es ist leicht vorstellbar, wie unbeliebt sich Merz in kürzester Zeit in seiner Brigade gemacht hatte.

Überraschenderweise sah auch die Betriebsleitung Merz' Aktivitäten mit Missbilligung. Das Treiben in der EA war kein Aushängeschild eines sozialistischen Betriebes, zumindest aber waren keinerlei Probleme in der Produktion entstanden. Und es gab immer mehr Bürger, die sich für den Kauf eines Autos angemeldet hatten und keines bekamen. Dazu bedurfte es eines weit verzweigten Netzes von Zulieferbetrieben und Speditionen, Handelspartnern und Auslieferungsmöglichkeiten. Dass dieses Netz für den Trabant funktionierte in einem Land, das wie viele andere Ostblockstaaten unter Ineffizienz, Schlamperei und Desorganisation litt, war einmalig. Im Grunde grenzte es an ein Wunder, dass man überhaupt in der Lage war, eine regelmäßige Produktion des Trabant zu gewährleisten. Diese Stabilität wurde erreicht durch unbedingte Kumpanei zwischen den Leitern aller beteiligten Betriebe, indirekte Bestechungsmethoden – so wurden alle Zulieferbetriebe bei der Zuweisung von Trabant-Automobilen rücksichtslos vorgezogen – und durch eine seit Jahrzehnten gänzlich unveränderte Handels- und Warenkette. Schon daher wollte die Zwickauer Betriebsleitung kein Schräubchen ihres Trabant verändern, weil man nicht zu Unrecht fürchtete, das zur Herstellung des Autos notwendige Netz würde umgehend zusammenbrechen.

Merz hingegen reichte einen Verbesserungsvorschlag nach dem anderen zur Begutachtung ein. Häufig saß er sogar nach Feierabend im Büro und entwarf neue Vorschläge. Er deutete an, an einem gänzlich neuen Modell des Trabant zu sitzen. Bei der Betriebsleitung erzeugten diese Nachrichten Unruhe. Ein neues Modell und seine Umsetzung hätten die Produktion sicherlich für einige Jahre lahmgelegt, Lieferschwierigkeiten wären entstanden, die Marktlage noch schwieriger geworden. Umso mehr, als ein neues Modell womöglich neue Käuferschichten erschlossen hätte, die sich bis dahin kein Auto gewünscht hatten. Im Gegensatz zu einem kapitalistischen Unternehmen waren neue Käuferschichten das Letzte, das man sich im VEB Sachsenring wünschte.

Merz wurde von der Betriebsleitung zu einem persönlichen Gespräch gerufen. Man fragte ihn nach seinen Plänen und lobte ihn für seine vorbildliche Arbeitshaltung. Gleichzeitig betonte der ökonomische Direktor, dass sich der junge Ingenieur doch auch am Brigadeleben beteiligen solle, der Parteisekretär bot Merz einen Kognak an. Ebenfalls anwesend waren zwei junge Männer, die sich namentlich nicht vorstellten, jedoch während des Gespächs Notizen machten. Daniel Merz hatte bald verstanden. Er sollte sich so aufführen wie sein lotterhafter Haufen sogenannter Kollegen. Das war für den jungen Mann aus dem Vogtland vollkommen undenkbar. Er wollte doch Autos bauen.

Noch am Abend desselben Tages setzte sich Merz über die innerdeutsche Grenze in den Westen ab. Mithilfe seiner Pläne erreichte er nur vier Tage später seine Einstellung in den Audi-Werken Ingolstadt, wo nach Merz' Plänen binnen Kurzem der überaus erfolgreiche Prototyp mit dem beziehungsreichen Namen »Audi quattro« gefertigt wurde.

Der VEB Sachsenring Automobilwerke Zwickau hingegen ging kurz nach der Wende in Konkurs. Weder konnte der Einbau eines Viertaktmotors den Betrieb retten, noch schätzten es Anwälte als aussichtsreich ein, mit juristischen Mitteln alle angemeldeten Trabant-Vorbesteller zum Kauf eines Automobils gemäß ihrer Anmeldung zu zwingen.

XVI

Bildergrüße aus dem Kosmos

Das erste Lebewesen im All war bekanntlich die Hündin Laika, die 1957 im Rahmen der Mission Sputnik 2 in den Kosmos geschossen wurde und die Erde umkreiste. Man wollte überprüfen, ob Säugetiere unter den richtigen Bedingungen im Weltall überlebensfähig waren oder ob es unvorhersehbare Fehler in den Berechnungen gab, die es vor der Entsendung des ersten Menschen in den Weltraum zu vermeiden galt. Die Mission sorgte weltweit für Aufsehen, insbesondere der durch die Auswertung der biometrischen Daten erbrachte Beweis, dass Laika in der Schwerelosigkeit lebte. Es war nie geplant, die Hündin lebend zur Erde zurückzuholen. Allerdings wurde erst in den Neunzigerjahren bekannt, dass Laika bereits nach einigen Stunden Flugzeit stressbedingt verstarb, wahrscheinlich ausgelöst durch defekte Hitzeschilde.

Am 19. August 1960 startete Sputnik 5, das Raumschiff, das mit den Hunden Belka und Strelka erstmals zwei Lebewesen ins Weltall und dann wieder zurück zur Erde bringen sollte. Kaum bekannt ist der Umstand, dass auch die DDR sehr zum Erfolg des Projekts beitragen sollte. Mit Kameratechnik und Optik aus Rathenow, Film-

SPUTNIK 5 1960

Abbildung: **Freude bei den beiden Hunden**

material aus Wolfen und Funktechnologie der Fachhochschule »Richard Sorge« sollte die Fahrt von Belka und Strelka nicht nur die Raumfahrt zweier Lebewesen, sondern auch die erste große mediale Inszenierung in der Eroberung des Kosmos durch den Menschen werden. Alles war vorbereitet, die große Reise der beiden Kosmonauten weltweit auszustrahlen: In der Raumkapsel hatte man drei besonders leichte Kameras installiert, entsprechende Signale wurden per Funk an das Steuerungszentrum in Baikonur gesendet und mit einer völlig neuartigen Technologie direkt auf Sechzehn-Millimeter-Filmmaterial übertragen. Die dazugehörigen Tonsignale würde man parallel aufzeichnen und hinterher an die Bilder anlegen können. Das Ganze war eine technische Sensation.

Unglücklicherweise nahm die Raumfahrt selbst einen verhältnismäßig unschönen Verlauf. Bereits beim Start zeigten die Hunde größte Angst, bellten hysterisch und verrichteten unkontrolliert ihre Notdurft. Auch nachdem ihre Raumkapsel in eine stabile Erdumlaufbahn eingetreten war, stabilisierte sich das Verhalten der gequälten Tiere kaum. Wechselseitig bissen sie einander oder versuchten paradoxerweise zu kopulieren. Die mitgeführte Hundenahrung riss aus der Verankerung und schwebte unerreichbar in der Schwerelosigkeit der Kapsel umher, was die Tiere in noch größere Aufregung versetzte. Schließlich biss Belka ihrem Gefährten Strelka nach etwa der vierten von achtzehn Erdumkreisungen der Mission unglücklich in die Kehle, sodass Strelka, den Bildern nach zu beurteilen, innerhalb weniger Minuten verblutete. Belka machte sich daraufhin daran, seinen Reisegefährten innerhalb der nächsten Stunden zu verspeisen.

Es wurde auf Ebene des Politbüros der KPdSU in Absprache mit den ostdeutschen Genossen entschieden, dass die technisch hervorragenden Aufnahmen nicht geeignet waren, sie einer größeren Öffentlichkeit zugänglich zu machen. Sie landeten in den Panzerschränken der Sowjetregierung. Bei den ausgestrahlten Bildern von der Landung der beiden Hunde am 20. August und den nachfolgenden Untersuchungen handelte es sich um bereits im Vorfeld angefertigte Aufnahmen, auf denen Belka und Strelka freundlich bellen und beruhigend gewöhnliche Hundelaute von sich geben. In Wirklichkeit aber waren diese gefälschten Bänder Aufnahmen der Hunde Taras und Anatol vom stellvertretenden sowjetischen Minister für Leichtindustrie.

XVII

Das lösbare Problem des Peter Salewski

Nur durch die Offenlegung der DDR-Fernseharchive war es möglich, eine besonders merkwürdige Anekdote dieser Zeit zu recherchieren, die sich im August 1973 zugetragen hat. Sie trug sich mitten in der Urlaubszeit zu, nicht nur in den Schulen waren die alljährlichen Sommerferien, auch in den Betrieben und Büros war kaum jemand anzutreffen. Wer einen Ferienplatz hatte, erholte sich an der Ostsee oder in den Bergen. Selbst die Partei- und Staatsführung war nahezu geschlossen verreist.

Verantwortlich für das Programm des Fernsehsenders DDR 2 war seinerzeit ein Peter Salewski, stellvertretender Sportredakteur des Senders, jedoch zu diesem Zeitpunkt der ranghöchste Mitarbeiter vor Ort. Diese Verantwortung empfand er als erdrückend. Während Salewski sonst von den Turmspring-Meisterschaften der Damen oder Veranstaltungen des Breitensports berichtete, trug er nun plötzlich die redaktionelle Verantwortung für den zweitgrößten nationalen Fernsehsender des Landes. Salewski empfand dies nicht nur als redaktionelles Problem, er war sich auch der herausragenden politischen Bedeutung seiner Aufgabe bewusst. Er fürchtete seine Entlassung, ja seine Inhaftierung, sollte während der zweiwöchigen Zeit

Fernsehprogramm *DDR 2*
1973 / August

32. Woche

33. Woche

auch nur ein falsches Wort oder Bild über den Äther gehen. Salewski war nervös, litt unter Schlafstörungen und erwartete von der ersten Minute an sehnsüchtig die Rückkehr des stellvertretenden Chefredakteurs Bremer aus Ahrenshoop.

Dabei war die Verantwortung für das Programm in gewisser Hinsicht ohnehin geteilt. Salewski stellte jeweils das Programm des nachfolgenden Tages in der Abteilung Agitation des Zentralkomitees vor, de facto die oberste Zensurbehörde, wo das Programm geprüft und genehmigt wurde. Salewskis kolossale Sorgen verwandelten sich in blankes Entsetzen, als er am Sonntag der 32. Kalenderwoche feststellen musste, dass in der Zensurbehörde niemand zu erreichen war. Nach mehreren erfolglosen Anrufen machte er sich persönlich auf den Weg von Adlershof ins Gebäude des Zentralkomitees in Berlin-Mitte, konnte jedoch in seiner zuständigen Behörde niemanden antreffen. Offensichtlich war es durch einen Fehler in der Planung dazu gekommen, dass sich alle Mitarbeiter gleichzeitig im Urlaub befanden. Salewski war natürlich außer sich, er versuchte, einen anderen Verantwortlichen für das Programm des nächsten Tages zu finden. Aussichtslos. Alle Abteilungen waren schlecht besetzt, und niemand hatte Lust, sich zusätzliche Arbeit aufzuladen. Salewski verließ das Zentralkomitee ergebnislos.

Er war vollkommen ratlos, wie er nun vorgehen sollte. Die Verantwortung gänzlich allein zu tragen, war ihm ein zu gewagter Schritt. Aufgrund der im Jahr 1973 in der DDR noch stark eingeschränkten Kommunikationsmöglichkeiten bekam er keinen von den Abwesenden zu sprechen. Ein Brief hätte die Verantwortlichen frühestens in einigen Tagen erreicht, Salewski brauchte jedoch eine sofortige Entscheidung. So kam es, dass das gesamte Programm des Fernsehsenders DDR 2 der 32. Kalenderwoche 1973 nochmals in der 33. Kalenderwoche wiederholt wurde. Diese Entscheidung erschien Salewski jedenfalls als die sicherste. Er konnte bezeugen, dass dieses Fernsehprogramm durch die staatlichen Organe abgesegnet worden war. Außerdem war dieses Programm das Aktuellste, was er unter den gegebenen Umständen zu bieten hatte. Salewski hoffte darauf, dass die Wiederholung aufgrund der Ferienzeit nur wenigen Zuschauern auffallen würde.

Doch die Reaktion war bestürzend: Die Wiederholung fiel offensichtlich niemandem auf. Es gab keine Briefe, keine Anrufe, nichts. Auch als der stellvertretende Chefredakteur gut erholt aus seinem Urlaubsquartier wiederkam und die Verantwortlichen wieder in Berlin eintrafen, gab es nicht einmal eine Erwähnung der Programmwiederholung. Offensichtlich sahen nicht einmal die für diesen Sender Verantwortlichen DDR 2. Man dankte Salewski für seine Hilfe und ging zur Routine über. Dieser aber war froh, wieder in seine Sportredaktion zurückzugehen. Er selbst berichtet heute, dass er seine Berichte und Reportagen danach nicht mehr mit derselben Entschlossenheit und Energie habe anfertigen können. Er begann aber, Helma Gärtner, der Sekretärin des stellvertretenden Kaderleiters, gelegentlich Blumen oder andere kleine Aufmerksamkeiten vorbeizubringen. Gärtner nämlich war verantwortlich für die Urlaubsplanung des gesamten Senders, und Salewski erreichte durch seine guten Kontakte zu ihr, stets gut über die sommerliche Besetzung des Senders informiert zu sein und daher bis zu seiner Berentung nie wieder die Chefredakteursfunktion ausfüllen zu müssen.

XVIII

Ware nicht alltäglichen Bedarfs

Der »VEB Elektrokohle« im Berliner Stadtteil Lichtenberg war einer der sogenannten Musterbetriebe der DDR. Die Produktion spezieller Grafitprodukte, die für die Herstellung von Motoren, Stromabnehmern und Bogenlampen essenziell waren, verlief plangemäß, nur selten kam es zu Ausfällen, die angeschlossenen Betriebe wurden immer pünktlich beliefert. Aus diesem Grund genoss der Betriebsleiter, Armin Jatzik, einige Freiheiten. Er konnte großzügige Weihnachtsfeiern und Prämienausschüttungen für seine Mitarbeiter organisieren und blieb von lästigen politischen Verpflichtungen verschont. Nur so ist es zu erklären, dass »Elektrokohle« bis zum Ende der DDR keinen sozialistischen Betriebsnamen verliehen bekam, ein Prozess, der meist mehrere Jahre in Anspruch nahm, von der inszenierten Namensfindung über Sitzungen, in denen den Arbeitern die namensgebende Persönlichkeit erläutert werden musste, bis hin zur feierlichen Taufe, die langfristig vorbereitet werden musste und mehrere Arbeitstage Produktionsausfall verursachte.

Jedoch ging auch die Verpflichtung zur Herstellung von Konsumgütern nicht am »VEB Elektrokohle« vorbei. Die Möglichkeiten, in der DDR Geld auszugeben, waren

VEB Elektrokohle

begrenzt. Auf Reisen musste man ebenso lange warten wie auf ein Auto, und keiner hatte großes Interesse an der Währung der DDR. Westliche Produzenten zeigten kein Interesse an der nicht frei konvertierbaren Mark, aber auch die sozialistischen Bruderländer unternahmen alle Anstrengungen, um für ihre Produkte Devisen zu erzielen, statt sie in der DDR oder anderen Blockstaaten anzubieten. Sogar die Betriebe der DDR selbst zeigten kein besonderes Interesse, Waren für den einheimischen Markt herzustellen. Viel wichtiger war es, Produkte auf dem westlichen Markt zu platzieren. Wenn das gelang, spielte der dafür notwendige Aufwand praktisch keine Rolle mehr.

Dem Zentralkomitee der SED fiel diese Entwicklung natürlich auf. Einerseits benötigte man dringend Valuta, andererseits sah man die Tatsache stetig wachsender Spareinlagen der DDR-Bevölkerung mit Sorge. Nachdem der Ministerratsbeschluss »Tausend kleine Dinge« nicht den erhofften Aufschwung der Konsumgüterproduktion bewirkte, wurde 1981 schlicht festgelegt, dass jedes Kombinat Konsumgüter in Höhe von 5 Prozent seines Umsatzes für die Bevölkerung herzustellen habe. Dieser Beschluss führte zu den absonderlichsten Auswüchsen. Kleinere Betriebe, wie Speditionen oder Lebensmittelfabriken, konnten die Verpflichtung mit der Herstellung von Flaschenöffnern oder Kugelschreibern umsetzen. Größere Betriebe standen da vor größeren Schwierigkeiten. Die Rostocker Warnow-Werft musste beispielsweise mit immens hohem Aufwand die Produktion einer eigenen Serie von

Möbeln aufnehmen, da ihr Umsatz so hoch war, dass der Beschluss mit kleineren Konsumgütern nicht umzusetzen gewesen wäre.

Auch Armin Jatzik sah sich gezwungen, den Beschluss der Konsumgüterprodukte umzusetzen, auch wenn er ihm vollkommen unsinnig erschien. »Elektrokohle« erzielte mit seinen Spezialprodukten, die nur an Industriepartner geliefert wurden, den beachtlichen Jahresumsatz von etwa achtunddreißig Millionen Mark. Nun stand Jatzik vor der Herausforderung, wie er für rund zwei Millionen Mark Konsumgüter mit einem Betrieb herstellen sollte, der im Wesentlichen Kohle verarbeitete.

Die rettende Idee kam ihm bei einem Rundgang durch die Produktionsabteilung, wo er den Fertigungsvorgang an der pneumatischen Walzenpresse beobachtete. Dort wurde das Rohprodukt, meist polnische Steinkohle, durch mechanische Pressung mit ungeheuren Kräften verdichtet und in eine standardisierte Form gebracht, die Voraussetzung für den weiteren Produktionsprozess war. Zur Erleichterung der fabrikmäßigen Weiterverarbeitung wurde dabei auch eine Art Henkel in den Kohlenblock gebracht, an dem ihn Krane und Haken greifen konnten. Dies geschah durch eine hydraulisch gesteuerte Stanzung, wobei ein Reststück von circa 14×12 Zentimetern entstand, das eine sehr außergewöhnliche geometrische Form aufwies. Jatzik fragte den zuständigen Schichtleiter, was mit diesem Reststück geschehe. Der so Gefragte reagierte zunächst etwas verlegen, gab dann aber zu, dass die Arbeiter die Stücke mit nach Hause nähmen und im Winter verheizten.

Jatzik erteilte Anweisung, dieses Vorgehen sofort zu unterbinden. Er führte noch am selben Tag Telefonate mit einigen befreundeten Betriebsleitern und konnte erreichen, dass ihm die schnellstmögliche Lieferung einer Verpackungsmaschine bester Qualität zugesichert wurde. Das war nicht verwunderlich, da »Elektrokohle« jahrelang alle Maschinenbaubetriebe stets in bester Qualität beliefert hatte und daher problemlos einen Gefallen einfordern konnte.

Nur vier Monate später stand eine Verpackungsmaschine in einer vormals leer stehenden Lagerhalle des Lichtenberger Betriebs. In diese konnten die erwähnten Reststücke der pneumatischen Walzenpresse eingespeist werden. Sie wurden aufwendig und sehr ansprechend verpackt und etikettiert. Für den ganzen Prozess benötigte man gerade einmal zehn Arbeiter.

Das Endprodukt reichte Jatzik beim Zentralkomitee zur Genehmigung als Konsumprodukt ein. In der geforderten ausführlichen schriftlichen Begründung in vierfacher Ausführung argumentierte er, die zunehmende technische Entwicklung des Landes würde langfristig dazu führen, dass auch in den Einzelhaushalten der DDR die Schlüsseltechnologien Einzug halten würden. Mit seinem »Koba 2000« genannten Produkt würde der »VEB Elektrokohle« damit die Voraussetzung schaffen. (Der Name sollte möglichst modern und zukunftsorientiert klingen, Gerüchten zufolge leitete er sich jedoch lediglich aus dem Wort »Kohlebatzen« ab.) Die Argumentation wurde beim Zentralkomitee begeistert aufgegriffen,

Schlüsseltechnologie war ein zentrales Problem der Zeit, und es mangelte an Ideen, diese umzusetzen.

Bei der Preisgestaltung orientierte sich Jatzik an den Planvorgaben. Er musste einen Konsumgüterumsatz von zwei Millionen Mark schaffen, und die pneumatische Walzenpresse produzierte jährlich circa fünfundachtzigtausend Reststücke. Daher schlug er einen Preis von 23,58 Mark vor, der aufgrund der hochwertigen Verpackung auch genehmigt wurde. Jatzik war stolz, das Konsumgüterproblem auf so elegante und den Produktionsprozess nicht beeinträchtigende Weise bewältigt zu haben.

Ab sofort erreichten fünfundachtzigtausend »Koba 2000« jährlich den DDR-Konsumgütermarkt. Das Produkt wurde über den Elektrofachhandel vertrieben, der als geeignetste Handelsorganisation dafür erschien. Jedoch konnte niemand einen Nutzen des »Koba« erkennen. Andererseits schien es sowohl den Kunden als auch den Händlern ausgeschlossen, dass sich hinter dem Produkt kein Nutzen verbergen sollte. Schließlich waren knapp fünfundzwanzig Mark eine Menge Geld. Verschiedene Gerüchte kamen auf: So hieß es, der Besitz eines »Koba« wäre Voraussetzung für den späteren Erwerb eines Heimcomputers, der möglicherweise demnächst ausgeliefert werden solle. Andere vermuteten ein wichtiges Bauteil für eine Lautsprecheranlage. Und da tatsächlich mehr Geld im Umlauf war, als ausgegeben werden konnte, wollten sehr viele Bürger einen »Koba« erwerben, sodass bald Lieferschwierigkeiten entstanden. Diese steigerten natürlich die Begehrtheit und die Gerüchte über den Nutzen des »Koba« ins Unermessliche, sodass das Produkt bald auf dem Schwarzmarkt gehandelt und sogar die Einrichtung einer Warteliste in Erwägung gezogen wurde.

Als nach der Wende die wahren Hintergründe des »Koba 2000« bekannt wurden, verbrannten wohl die meisten Käufer der zweihunderttausend ausgelieferten Stück stillschweigend ihr Produkt. Kurioserweise hat der »Koba« dadurch heute wieder Seltenheitswert, und Exemplare in unbeschädigter Originalverpackung erzielen bei Internetauktionen Rekordpreise.

XIX

Der Geheimbrief des Geheimrats

Der Umgang mit den Klassikern war in der DDR stets mit Problemen behaftet. Man wollte die große Tradition des Landes der Dichter und Denker für sich in Anspruch nehmen, und dazu mussten natürlich Bach, Beethoven, Heine, Cranach und andere in der Tradition des Sozialismus gesehen werden. Nicht selten stand aber deren Werk im Widerspruch zu diesem Wunsch, das konnte man nicht ändern, schon weil es auch auf westdeutscher Seite eine Werkpflege gab. Daher wurden Heines Trinkgelage als Ausdruck seiner Unzufriedenheit mit dem System interpretiert, Bachs Fugen als vorwärtsdrängende, schöpferische Willenskraft, die eine Weiterentwicklung der Gesellschaft forderte, usw.

Besonders heikel war der Umgang mit Goethe und Schiller. Die wesentlichen Wirkungsstätten beider Dichterfürsten lagen unzweifelhaft auf DDR-Territorium, was man als Standortvorteil gegenüber der BRD empfand und was durch einen regen Tourismus auch noch eine erfreuliche Devisenquelle darstellte. Allerdings war insbesondere Goethe den einfachen Leuten nicht immer sehr verbunden gewesen, sodass die Interpretation seines Werkes als Vorbote des Sozialismus die Germanisten vor beson-

Cornelia Friederike Goethe
(7.12.1750 ~ 8.6.1777)

dere Herausforderungen stellte. Im *Faust* konnte immerhin Mephisto noch als Verlockung des Kapitalismus gedeutet werden, bei der *Italienischen Reise* oder den *Römischen Elegien* wurden ähnliche Deutungen problematisch, schon allein deshalb, weil jeder DDR-Bürger nur von einem Visum träumen konnte, mit dem er diese Reisen selbst hätte antreten können.

Von besonderer Sprengkraft war daher eine Entdeckung des Archivars im Goethe-Haus, Hermann Mechler. Im Rahmen seiner Forschungsarbeit stieß er 1969 auf einen bis dahin unentdeckten Brief des berühmten Geheimrats von 1784 an seine Schwester Cornelia. Das Schreiben hatte in Goethes Mineraliensammlung gelegen und war nur als Beschreibung der Fundstücke in der betreffenden Kiste (Archiv-Nr. xxvii/17) gedeutet und daher übersehen worden.

Der Brief war geprägt von einer offensichtlich kurz zuvor stattgehabten Begegnung des Dichterfürsten mit einem Thüringer Bauern, dem Goethe in seiner Kutsche auf einem schmalen Weg entgegengekommen war. Weder der Bauer, der mit einem Ochsengespann unterwegs war, noch der Geheimrat machten Anstalten, den anderen passieren zu lassen. Als Goethe nach einer längeren Auseinandersetzung schließlich seinen Kutscher das Gefährt entnervt zur Seite lenken ließ, habe der Bauer keinerlei Dankbarkeit gezeigt, sondern dem Geheimrat auch noch beim Vorbeifahren grob das Beinkleid beschmutzt.

Goethe stand beim Verfassen des betreffenden Briefs, der eigentlich zum Inhalt hatte, seiner Schwester Geburtstagsglückwünsche auszusprechen, offenbar noch ganz unter dem Eindruck dieser Ereignisse. Er beschimpft den Bauern darin mit wüsten Worten und versteigt sich zunehmend zu grundsätzlicheren Behauptungen. Bezugnehmend auf seine intensive Beschäftigung mit den Bauernkriegen, die schon einige Jahre zurücklagen, äußert er sich in dem Brief herablassend über die Fähigkeiten des »Landvolks«, der von ihm damals angestrebten Autonomie überhaupt gerecht zu werden. »Meine liebe Frau Schwester«, schreibt Goethe an einer Stelle. »Wie sollen diese groben Menschen, kaum fähig, dem Erdreich eine Kartoffel zu entlocken, denn in der Lage sein, die Kunst der Politik zu meistern? Es gibt wohl kaum einen einfältigeren Stand als das deutsche Landvolk, abgesehen vielleicht von den landlosen Handwerkern, mit denen sie sich häufig gemein machen. Das Landvolk sorge für seine Äcker und überlasse das Herrschen den Herrschenden. Günstigstenfalls ist es als Depot zu betrachten, aus dem sich die Kräfte der sinkenden Menschheit erfrischen können. Wenn aber, liebste Cornelia, diese Tölpel jemals versuchen sollten, auf deutschem Boden ein Staatswesen zu errichten, informiere Deinen armen Bruder beizeiten, damit er dieses Land noch am selben Tage verlassen wird können, denn es wird fortan dem Untergange geweiht sein.«

Als der Archivar Mechler diese Zeilen las, war er sich schnell ihrer Brisanz bewusst. Die DDR bezeichnete sich voll Stolz als »Ersten Arbeiter- und Bauern-Staat auf deutschem Boden«, und jetzt tauchte dieses Schreiben des größten deutschen Dichters auf, in dem dieser – Jahrhunderte vor ihrer Gründung – genau vor dieser Staatsform zu warnen schien. Mechler reichte das Schreiben bei seinen vorgesetzten Stellen ein, über die es schließlich ins Zentralkomitee der SED gelangte. Unter der Leitung von Kurt Hager, dem berüchtigten ZK-Sekretär für Kultur und Wissenschaften, wurde der entdeckte Brief kontrovers diskutiert. Die Meinungen reichten vom Vorschlag einer schulterzuckenden Akzeptanz und Interpretation des Briefes im Sinne des Sozialismus bis hin zur Diskussion einer öffentlichen Anprangerung und Infragestellung der Bedeutsamkeit von Goethes Werk überhaupt. Letztere Variante wurde von einigen besonders unnachgiebigen Genossen um Mielke favorisiert, die das Schreiben persönlich erzürnte und die in der Konsequenz gern alle Schriften von Goethe mit einem Bann belegt hätten, wie das auch bei missliebigen zeitgenössischen Künstlern durchaus übliche Praxis war.

Eine Mehrheit fand schließlich der Vorschlag, das Schreiben unauffällig in den Archiven verschwinden zu lassen und weder einem Fachpublikum noch einer breiteren Öffentlichkeit zur Verfügung zu stellen. Mechler selbst wurde mit der Aufgabe dieser Archivierung beauftragt. Nach Auskunft seiner Ehefrau, einer einfachen Frau, die Wert und Sinn des Briefes nicht erfasste, versteckte er das Schreiben in einem Bilderrahmen seiner Privatwohnung, wo es bis zu seinem plötzlichen Tod durch einen Schlaganfall im Jahre 1993 verborgen lag. Der genaue Verbleib des Schreibens ist bis heute unbekannt, vermutlich wurde es im Rahmen einer von Mechlers Sohn Johann organisierten Wohnungsauflösung gemeinsam mit dem künstlerisch wertlosen Ölgemälde *Schloss Tiefurt im Nebel* (1972) des Heimatmalers Justus Becker, hinter dem es jahrzehntelang Schutz gefunden hatte, entsorgt.

XX

Der wundersame Elektroapparat des Frank German

Zwar konnte man dies nicht offiziell eingestehen, aber die Staatsführung der DDR war sich der mangelnden Attraktivität des Landes im Vergleich zu westlichen Ländern durchaus bewusst. Vielleicht nicht auf höchster Ebene, sicherlich aber dort, wo die Informationen aus Wirtschaft und Bevölkerung ungefiltert ankamen, war es den Funktionären klar, dass sich die meisten Jugendlichen ein anderes Leben erträumten als das, was ihnen in der DDR geboten wurde. Ein bisschen »Yeah, yeah, yeah« hätten die meisten dem ewigen »Freundschaft« der FDJ jederzeit vorgezogen.

Bemühungen, einen eigenen Jugendtanz im $^6/_4$-Takt, den »Lipsi«, als Gegenentwurf zu Rock und Twist einzuführen, waren kläglich gescheitert. Der auf der Tanzmusikkonferenz 1959 in Lauchhammer erstmals vorgestellte Modetanz konnte sich nicht in den Tanzsälen der Republik durchsetzen. Wenn diese Bestrebungen auch aussichtslos waren, so wollte man doch wenigstens eine Alternative zur westlichen Unterhaltungselektronik schaffen, damit die Jugendlichen in Karl-Marx-Stadt und Torgelow nicht wie billige Kopien ihrer westlichen Altersgenossen

TSA 78
Tragbares-Schallplatten-Abspielgerät

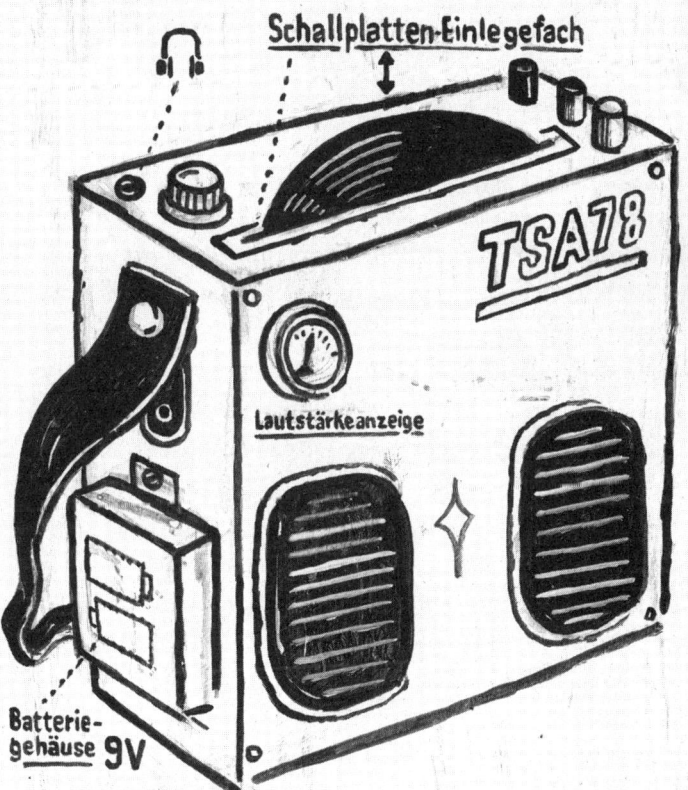

Schallplatten-Einlegefach

TSA78

Lautstärkeanzeige

Batterie-
gehäuse 9V

VEB Elektro-Apparate-Werke Berlin

mit Transistorradios an den Straßenecken standen. Ende der Siebzigerjahre wurde daher vom Diplom-Ingenieur Frank German im Elektro-Apparate-Werke Berlin (EAW) ein transportabler Schallplattenspieler entwickelt, mit dem man hoffte, die Nase bei der Unterhaltungselektronik vorn zu haben. Das »Tragbare Schallplatten-Abspielgerät TSA 78« sollte 1978 auf den Markt gebracht werden. Im futuristischen Design verfügte es über einen mit einer dünnen Balsaholzplatte gesicherten Schlitz zum Einführen der Schallplatte (nur LPs konnten wiedergegeben werden) und verschiedene Hebel und Regler auf der Oberseite. Ein fester Trageriemen umfasste das gesamte Gerät sowie die dazugehörige Batterie. Das Gerät besaß ferner einen Ausgang für einen Kopfhörer sowie einen Ausgang für Lautsprecherboxen. Eine ausgefeilte Federmechanik machte es sogar möglich, die eingelegte Schallplatte mit dem TSA 78 bei vorsichtigem Laufen zu hören.

Verständlicherweise zeigte man sich im Ministerrat begeistert von dieser Entwicklung. Man war überzeugt, dass jeder Jugendliche ein TSA 78 haben wollen würde, und spekulierte darauf, vielleicht sogar einen sogenannten »Exportschlager« entwickelt zu haben, also ein Produkt, das auch auf dem internationalen Markt erfolgreich sein könnte.

Und doch war das TSA 78 zum Scheitern verurteilt. Trotz heftiger Proteste des Ingenieurs German kam es nämlich bei der Entwicklung zur Serienreife zu den kleinen qualitativen Abstrichen, die schon so viele im Ansatz gute Entwicklungen ostdeutscher Gestalter zu Misserfolgen hatten werden lassen. Aufgrund eines Neuerungsvorschlags wurde der Trageriemen nicht mehr umlaufend gestaltet, sondern seitlich am Gerät mit Nieten verankert. Der betreffende Arbeiter erhielt für diesen Vorschlag eine Prämie, weil somit pro Gerät 18 Prozent Trageriemen einzusparen waren. Die Federmechanik wurde zugunsten einer Hartgummi-Federung ersetzt, und schließlich sah sich der volkseigene Batteriebau außerstande, die Batterie des Prototyps in Serie nachzubauen. Stattdessen bot man eine modifizierte Mopedbatterie für die Serienproduktion an. Schließlich wurde das Design vorhandenen Bauteilen angepasst. Über all diese Schwierigkeiten hinaus kam es wiederholt zu zeitlichen Verzögerungen in der Produktion.

Was schließlich 1984 in den Läden landete, hatte mit dem Prototyp des TSA 78 kaum noch etwas zu tun. Das Gerät war klobig und scharfkantig, sodass es seinen Träger ständig verletzt hätte, umso mehr, als der reduzierte Trageriemen das Gewicht des TSA 78 nicht halten konnte und ständig an den Nietenbefestigungen ausriss. Das lag auch daran, dass die mitgelieferten Batterien unglaublich schwer und unförmig waren. Schalter und Hebel waren nun an allen Oberflächen angebracht, sodass man das Gerät nicht mehr abstellen oder ablegen konnte. Allerdings ließen sich die Schallplatten durch die schlechtere Mechanik nur noch in absoluter Ruheposition abspielen.

Vom TSA 78 wurden nicht einmal 5 Prozent der ersten Serie verkauft. Niemand brauchte einen schlechten Plattenspieler, der mit einer Mopedbatterie betrieben wurde und weder aufstellbar noch tragbar war. Die Jugendlichen standen ungläubig mit ihren neuen Walkmans aus westlicher Produktion, die ihnen ihre Großmütter längst mitgebracht hatten, vor den Schaufensterscheiben, betrachteten das groteske Produkt und träumten vielleicht sogar noch heftiger als zuvor von einer Jugend voll »Yeah, yeah, yeah«.

German verfiel in tiefe Depressionen, aus denen er erst nach der Wende durch Streitigkeiten mit seinem neuen Vermieter wieder herausfand.

XXI a

Ein Besuch von
außergewöhnlichem Wert

Insbesondere die höchste politische Führung der DDR hatte kaum noch Kontakt zur Realität des Lebens in dem von ihr regierten Land. Die alten Herren in Politbüro und Ministerrat um Honecker, Stoph und Mielke übten sich ungestört in sozialistischen Selbstbeweihräucherungen. Sie waren sehr einverstanden mit dem Staatswesen, das sie geschaffen hatten, weil es genau den Traumvorstellungen ihrer Jugend entsprach. Dass die Zeit inzwischen vorangeschritten war, nahmen sie nicht mehr wahr. Diesen alten Herrschaften wurde die wahre DDR auch niemals vorgeführt. Betriebsbesichtigungen, Besuche bei Familien und Messeeröffnungen wurden wochenlang im Voraus vorbereitet, die Dialoge mit den ausgesuchten Gesprächspartnern einstudiert und die Orte der Begegnung mit allen Mitteln in Bestzustand gebracht. Gegebenenfalls wurden sogar ganze Straßenzüge neu verputzt und angestrichen, und bei Besuchen in Industriegebieten mit besonders hoher Luftverschmutzung fuhren in den Tagen vor Staatsbesuchen die Tankwagen der Feuerwehren durch die Straßen, um die Straßen und sogar die Bäume vom abgelagerten Schmutz zu befreien. Die nach dem russischen Fürsten

Grigori Alexandrowitsch Potjomkin benannten Dorfverschönerungen für Katharina die Große waren unbeholfene Fingerübungen im Vergleich zu diesen Wunderwerken der Illusion.

In gewisser Weise war daher der einzige Vorwurf, den man der obersten Staatsführung machen konnte, dass sie sich ihr Land so zeigen ließ, ohne Rückfragen zu stellen. Zwar forderten sie diese Inszenierungen nicht ein, unternahmen aber auch keinerlei Versuch, sie zu durchbrechen. Der Gedanke, ein Musterland zu regieren, in dem alle Bürger aufs Äußerste zufrieden sind und die Produktion auf Weltniveau ist, gefiel den Oberen verständlicherweise. Daher gab man sich dieser Täuschung, die von den nachgeordneten Führungsschichten mit höchstem Aufwand betrieben wurde, gern hin.

Dabei kam es teilweise zu kuriosen Auswüchsen. So wünschte Margot Honecker, Ehefrau des Staatsratsvorsitzenden und Ministerin für Volksbildung, 1981 einen Besuch in einer Einrichtung für Kleinkinder durchzuführen. Die Planung dieses Wunsches wurde umgehend in die Tat umgesetzt. Als Ort der Besichtigung wählte man Dessau aus. Solche Entscheidungen wurden nach einem komplizierten Verteilungsschlüssel gefällt, für den eine dem Ministerrat angehörige Arbeitsgruppe zuständig war. Es gab eine Punktbewertung für jeden Ort in der DDR, der nach solchen Aspekten wie Einwohnerzahl und politischer Bedeutung ermittelt wurde. Analog dazu gab es einen Punktwert für jeden Würdenträger, aufgeschlüsselt nach den jeweiligen Ämtern in Partei und Staat.

Den höchsten Punktwert für einen Ort erhielt natürlich Berlin, Hauptstadt der DDR. Den höchsten Punktwert als Person genoss Erich Honecker, Generalsekretär des ZK der SED, Vorsitzender des Staatsrats der DDR und Vorsitzender des Nationalen Verteidigungsrats. Die genannte Arbeitsgruppe war nun bemüht, die Punktwerte von Orten und Personen möglichst abzustimmen. In Berlin war das kein Problem, weil hier viele Funktionäre wohnten und sich häufig Besuche ergaben, aber gerade bei kleineren Städten kam es teilweise zu komplizierten Berechnungen. Wenn Hermann Axen Greifswald besuchte, konnte in dem betreffenden Jahr höchstens ein unterer SED-Vorsitzender eines anderen Bezirks dort vorbeikommen, jedoch kein Minister mehr. Wenn zur Erntezeit Besuche in den ländlichen Regionen fällig waren, wurden deshalb die Punkte den Bezirken und nicht den einzelnen Dörfern angerechnet.

Dessau war jedenfalls in den Jahren 1979/80 unterdurchschnittlich bedacht worden, sodass man jetzt mit Margot Honecker den Punktwert stark nach oben brachte. Nach einer kurzen Suche unter den Kindereinrichtungen entschied man sich als Besuchsort für die kombinierte Krippe mit Kindergarten »Hans Beimler« im Dessauer Norden. Diese Einrichtung war mit dem Auto leicht zu erreichen, und man musste mit der Ministerin keine langen Wege durch die Innenstadt von Dessau nehmen, die teilweise in einem sehr schlechten Zustand war.

Nach dieser Festlegung begannen die konkreten Vorbereitungen. Die Leiterin von »Hans Beimler«, Frau Karin

Schenk, war eine sehr resolute Frau, bei Eltern und Erzieherinnen sehr geachtet. Sie erkannte die einmalige Chance, die sich durch den hohen Besuch bot, und stimmte dem Vorschlag einer Besichtigung durch Frau Honecker sofort zu. Sie wies die Erzieherinnen an, mit den Kindern ein Programm einzustudieren und der Prüfungskommission vorzustellen. Die Kommission zeigte sich zufrieden, und die Vorbereitungen begannen.

Der Besuch der Ministerin in der Kindereinrichtung »Hans Beimler« am 1. Juni 1981, dem Kindertag, verlief zur allseitigen Zufriedenheit. Die Presse machte einige schöne Fotos, und die Ministerin war von der Aufführung begeistert. Die Kinder inszenierten ein Programm rund um das Thema »Wasser«, das ungewöhnlicherweise vor allem in der Küche und den Baderäumen des Objektes gezeigt wurde. Karin Schenk soll während des gesamten Tages unaufhörlich gelächelt haben. Sie sagte später aus, dass sie ohne diesen Besuch niemals die dringend notwendige Sanierung der Sanitär- und Küchenbereiche für ihre Kinder hätte durchsetzen können.

· XXI b

Die Irrfahrten des Patienten Tisch

Eine Angelegenheit mit Parallelen zum oben Genannten
(vgl. XXIa) ergab sich bei der medizinischen Behandlung
des Gewerkschaftsvorsitzenden Harry Tisch. Bekanntermaßen hatte Tisch ein Alkoholproblem, das geflügelte
Wort lautete: »Wir zahlen Gewerkschaftsbeiträge, damit
der Tisch immer voll ist.«

1975 musste sich der frisch gebackene Vorsitzende des
Freien Deutschen Gewerkschaftsbunds Tisch wegen eines
drohenden Leberversagens nach einem Trinkgelage bei
Gera in Behandlung begeben. Er wurde zunächst notfall-
mäßig in das städtische Krankenhaus eingeliefert. Tisch
selbst war zu diesem Zeitpunkt kaum ansprechbar, aber
die eilig herbeigerufene Verwandtschaft sowie die Gewerk-
schaftsfunktionäre zeigten sich entsetzt vom baulichen
Zustand des Krankenhauses. Umgehend wurde eine Reno-
vierung veranlasst. Jedoch sah man sich in Gera außerstande, dem Gewerkschaftsvorsitzenden die notwendige
medizinische Hilfe angedeihen zu lassen, sodass man eine
Verlegung ins Universitätsklinikum Jena veranlasste. Auch
dort zeigten sich die Verwandten entsetzt, auch hier kam
es innerhalb von Tagen zu umfassenden Baumaßnahmen.
Die medizinische Begründung der Verlegung Tischs ins

Patient Harry Tisch
FDGB-Vorsitzender

Universitätsklinikum Leipzig ist heute nach Aktenlage nicht mehr nachzuvollziehen. Jedoch waren die resultierenden Baumaßnahmen sehr willkommen und schon seit Jahren beantragt gewesen. Zwischen März und Juli des Jahres wurde Tisch in insgesamt vierzehn verschiedenen medizinischen Einrichtungen des Landes betreut. Eine kurz darauf eingeleitete geheime Untersuchung durch das MfS ergab, dass für jede Verlegung Bestechungsleistungen durch das aufnehmende Krankenhaus gezahlt worden waren. Es bestand sogar der Verdacht, dass Harry Tisch in einigen der Einrichtungen nach Besserung seines Gesundheitszustandes wieder zum Alkoholkonsum animiert worden sei, um seine Krankheit zu verlängern.

Jedoch blieb es bei strengsten Ermahnungen und einigen vertraulichen Gesprächen, da man aufgrund der heiklen Gesamtproblematik kein unnötiges Aufsehen erregen wollte. Bereits im folgenden Jahr begann man gegenüber dem Gelände des Klinikums Berlin-Buch mit dem Bau des neuen »Regierungskrankenhauses der DDR«, um solche Ereignisse künftig zu vermeiden.

XXII

Ein Ende in Eigeninitiative

Ein zentrales Problem der DDR war das Fehlen eines funktionierenden wirtschaftlichen Prinzips. An dem von der SED verkündeten Aufbau des Sozialismus hatten nur wenige Menschen ein tatsächliches Interesse, auch wenn das lange keine offene Opposition nach sich zog. Aber das propagierte Ziel war zu abstrakt, um sich motivierend auf die tägliche Arbeitsleistung der Werktätigen auszuwirken. Auch an der Mark der DDR bestand wenig Interesse, weil es kaum Möglichkeiten gab, diese Währung zu hedonistischen Zwecken auszugeben. So fehlten überall Arbeitskräfte.

Dies schlug sich unter anderem im Wohnungsbau nieder. Zwar hatte man sich zum Planziel gesetzt, jedem einen angemessenen Wohnraum zur Verfügung zu stellen, aber die Bauarbeiten gingen auf allen Ebenen zu langsam voran. Daher kam man Ende der Siebzigerjahre auf die Idee, kleinere Arbeiten an die Mieter selbst zu delegieren. Man würde ihnen Material zur Verfügung stellen, mit dem sie dann ihre Wohnungen selbst renovieren könnten. Auf diese Weise hoffte man, die Lage auf dem Wohnungsmarkt zu entspannen.

Wohl nirgends verstand man sich so gut wie in den

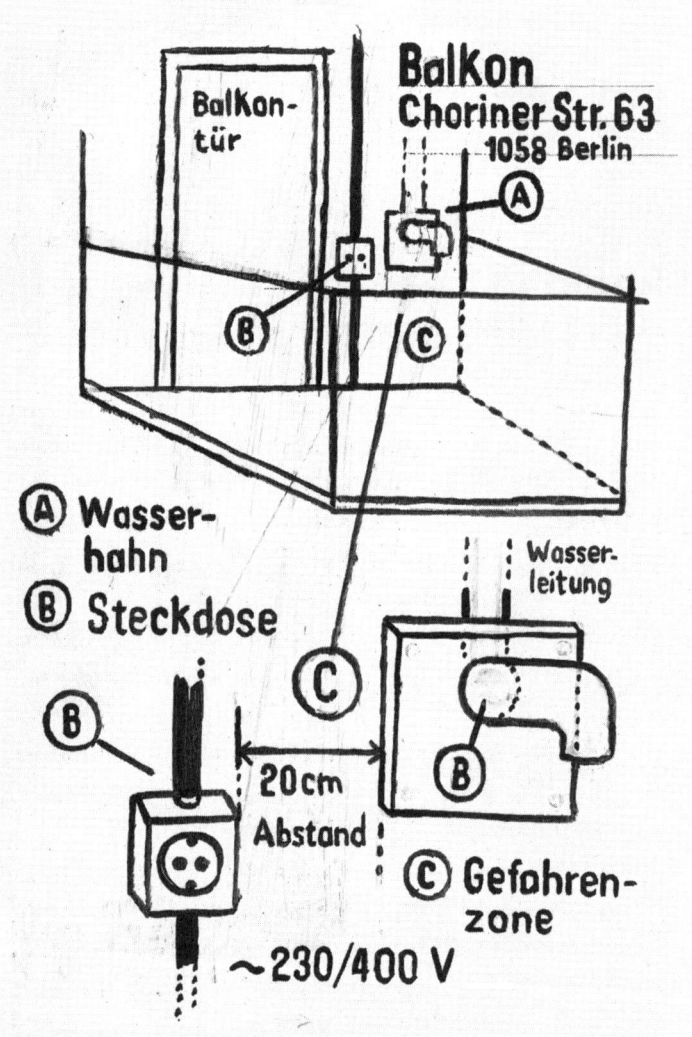

Balkon
Choriner Str. 63
1058 Berlin

Balkon-tür

Ⓐ

Ⓑ

Ⓒ

Ⓐ **Wasser-hahn**

Ⓑ **Steckdose**

Wasser-leitung

Ⓒ

Ⓑ

Ⓑ

20cm Abstand

Ⓑ

~230/400 V

Ⓒ **Gefahren-zone**

sozialistischen Staaten darauf, noch aus jedem Mangel ein ideologisches Konzept zu machen: »Rühr Deine Hand für Deine Wohnung« wurde ins Leben gerufen. Das Programm ließ sich zunächst sehr gut an. Die Mieter bekamen mit ihrem Mietvertrag Tapete, Kleister und Wandfarbe ausgehändigt, teilweise sogar Pinsel und Malerrollen sowie einen Tapeziertisch, Letzteren jedoch nur als Leihgabe. In der ostdeutschen Mangelwirtschaft waren sehr viele Bürger notwendigerweise handwerklich begabt, und so zogen die neuen Mieter zufrieden in ihre Wohnungen, die sie nach ihren eigenen Vorstellungen saniert hatten. Man war so begeistert, dass man 1981 sogar den Versuch unternahm, kleinere Maurer- und Elektroarbeiten durch Neumieter ausführen zu lassen. Jedoch stellte man diesen Versuch sehr bald wieder ein, vor allem im Zusammenhang mit den tragischen Umständen des Todes von Kai Neuhaus.

Kai Neuhaus wird von seinen Eltern als lebenslustiger, draufgängerischer junger Mann beschrieben, der das Herz am rechten Fleck gehabt habe. Aufgrund seines Antrages und beharrlicher Wiedervorstellungen bei der zuständigen Mitarbeiterin der Wohnungskommission wurde Neuhaus eine Wohnung der Kommunalen Wohnungsverwaltung (KWV) in der Choriner Straße 63 in Berlin, Prenzlauer Berg, zugewiesen, die jedoch vom Vormieter in einem sehr schlechten Zustand hinterlassen worden war. Der aus Löbau stammende Neuhaus, der gerade ein Romanistikstudium an der Humboldt-Universität aufgenommen hatte, übertrieb wohl gegenüber der Mitarbeiterin der Wohnungswirtschaft bezüglich seiner handwerklichen Fähigkeiten. Da diese nicht nachprüfbar waren, erhielt er programmgemäß eine umfangreiche Materialausstattung zur Instandsetzung der Wohnung in Eigeninitiative.

Neuhaus ging mit Feuereifer ans Werk und brachte die Wohnung in einen augenscheinlich deutlich verbesserten Zustand. In jedem Zimmer floss nun elektrischer Strom, die Wände waren tapeziert und geweißt, und der Balkonboden wies keine Löcher mehr auf. Kleinere Unzulänglichkeiten, wie etwa bei der Führung der Tapetenbahnen oder der Ausrichtung der verlegten Leitungen, fielen bei der Abnahme durch die KWV nicht ins Gewicht. Man gratulierte Neuhaus zu seiner schönen neuen Wohnung und verabschiedete sich. Jedoch sollte diese allseitige Zufriedenheit nur von kurzer Dauer sein. Bereits in der darauffolgenden Woche feierte Kai Neuhaus seine Einweihungsfeier mit einigen Kommilitonen und Freunden. Als er während dieser Feier aus dem von ihm auf dem Balkon installierten Hahn Wasser zum Zwecke der Kühlung einiger Flaschen beziehen wollte, verursachte offensichtlich eine Undichtigkeit der Leitung in der zu eng daneben angebrachten Stromleitung einen Kurzschluss. Da Neuhaus die Sicherungsanlage keineswegs sachgerecht installiert hatte, führte dies zu einem umfangreichen Kabelbrand, der die von Neuhaus zur Abstützung des Balkons verlegten Holzbohlen in Flammen setzte, wodurch sich der Balkon löste und in einem Blitz aus elektrischen Funken und brennendem Holz auf die Choriner Straße fiel und Neuhaus unter sich begrub, der noch versucht hatte, durch die Umlenkung des Wasserstrahls des Feuers Herr zu werden. Er starb noch am Unfallort. Seine Gäste waren beim Ausbruch der Flammen sofort geflüchtet, sodass niemand sonst zu Schaden kam. Auf Neuhaus' Beerdigung verlasen seine Kommilitonen eine Vielzahl selbst verfasster Gedichte.

Das Programm zur Förderung der Eigeninitiative wurde im Anschluss umgehend zurückgefahren. Die Mieter erhielten nur noch Malerbedarf. Da dieser jedoch auch Mangelware war, wurden die begehrten Raufasertapeten und Latexfarben meist unter der Hand verschoben. Zur Verteilung kam am Ende der DDR in der Regel nur noch ein Glanzlack im Farbton »Kasslerbraun«, der selbst in der DDR auf regulärem Weg unverkäuflich war. Von ihm wurden beliebige Mengen an die Mieter verteilt, sodass einige Wohnungen vom Fußboden bis zur Decke mit kasslerbraunem Lack bedeckt waren, ein für Außenstehende in der Regel sehr gewöhnungsbedürftiger Anblick.

XXIII

Der Brunner-Grill

»Marke Eigenbau« war die Bezeichnung für die Vielzahl von Waren, die von Ostdeutschen selbst angefertigt
und dann auf Flohmärkten, über Zeitungsannoncen oder
Mundpropaganda verkauft wurden. Das Produktspekt-
rum reichte von kuriosen Briefkästen über Lampen-
schirme und Kleidung bis hin zu Zelten und Komponenten
für Stereoanlagen.

Dabei kam es nicht selten zu bemerkenswerten Auswüchsen. Karl-Heinz Brunner etwa, ein Mitarbeiter des
Stahl- und Walzwerks Hennigsdorf, baute Anfang der
Achtzigerjahre für sein Freizeitgrundstück einen Grill.
Das Grillen war in der DDR ebenso beliebt wie im Westen, aber selbstverständlich gab es für die ostdeutschen
Grillfreunde dieselben Probleme der Mangelwirtschaft
wie auch in allen anderen Bereichen des sozialistischen
Lebens. Es war schwer, ausreichende Mengen Grillfleisch
zu bekommen, es war unmöglich, Holzkohle zu besor-
gen, und es war nahezu ausgeschlossen, irgendwo einen
Grill zu erstehen. Darum nahm sich Brunner diverse
Stahlteile aus seinem Arbeitsbereich über einen Zeitraum
mehrerer Wochen zwischen Februar und Anfang April
1982 mit nach Hause, um sich dort selbstständig einen

BRUNNER-Grill

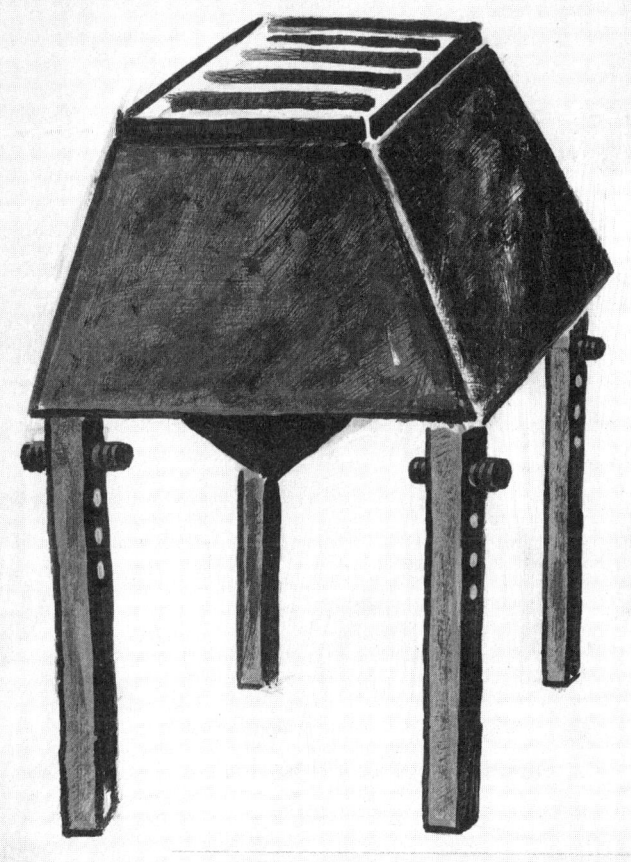

1982-84

Grill zusammenzuschweißen. Diese sehr freie Auslegung des Begriffs Volkseigentum war natürlich nicht erwünscht, andererseits nicht unüblich. So hatten Pkw-Anhänger, für deren Kauf man sich wie für ein Auto anmelden und mehrere Jahre warten musste, im Volksmund den Beinamen »Klaufix«. Es war keine Seltenheit, dass DDR-Bürger mit solchen Pkw-Anhängern herumfuhren und diese in den Abendstunden auf schlecht gesicherten Baustellen beluden.

Im Mai 1982 lud Brunner jedenfalls Freunde und Kollegen zur Eröffnung der Grillsaison ein. Sein selbst gebauter Grill wurde allgemein bewundert, und Brunner musste Details seiner Herstellung zum Besten geben. Viele äußerten den Wunsch, ebenfalls einen solchen Grill haben zu wollen. Als Brunner dies als zu aufwendig ablehnte, boten seine Kollegen an, ihm bei der Fertigung zu helfen. In der darauffolgenden Arbeitswoche schweißte Brunners Brigade im Stahl- und Walzwerk während der Arbeitszeit drei dieser Grills zusammen. Durch die fehlenden Transportwege und die vielen Mitarbeiter ging die Arbeit leicht von der Hand, und mit zunehmender Stückzahl entwickelte man eine gewisse Routine. Der Grill war stabil, sehr groß und formschön – entsprechende Mundpropaganda schuf rasch eine enorme Nachfrage. Für Brunner und seine Kollegen ergab sich darüber hinaus ein erfreulicher Nebenverdienst. Ohne eigenen Materialeinsatz und Personalkosten konnten sie ihr Produkt herstellen und zum Preis von fünfunddreißig Ostmark verkaufen. Bald florierte die Produktion, jeder wollte einen

Brunner-Grill. Sogar Westbesucher kauften ihn gern, da er konkurrenzlos günstig war und jeder Besucher nach Wegen suchte, sein zwangsumgetauschtes Geld sinnvoll auszugeben.

Allerdings kam es durch einen anonymen Hinweis aus der Bevölkerung zu einem unverhofften Ende der Hennigsdorfer Grillproduktion. Im August 1984 suchte die Arbeiter- und Bauern-Inspektion die Brigade im Stahl- und Walzwerk auf. Hier trafen die Kontrolleure auf eine Brigade, die ausschließlich mit der Fertigung von Grills beschäftigt war, die in keinem Plan auftauchten und aus volkseigenem Material gefertigt wurden. Die Brigade Brunner wurde zerschlagen, und erneut kam es zu einer Unterversorgung der DDR-Bevölkerung mit Grills.

XXIV

Eine wichtige Militäraktion
von Spatensoldaten

Die flächendeckende Bespitzelung der DDR-Bevölkerung war ein Umstand, der niemandem verborgen blieb und auch niemandem verborgen bleiben sollte. Die Doktrin des von dem berüchtigten Weddinger Arbeiterkind geleiteten Ministeriums für Staatssicherheit schien zu lauten: »Wenn uns nicht alle lieben, sollen uns alle fürchten.« In jeder Kneipe, bei jedem Telefongespräch, im Freibad und an der Fleischtheke, überall musste und sollte der DDR-Bürger davon ausgehen, dass eventuelle unliebsame Bemerkungen gemeldet werden und Folgen haben könnten. In den Anfangsjahren der DDR hatte das auch noch durchaus der Fall sein können. Schnell gab es ein Gespräch mit Kaderleiter und Parteisekretär, wenn man am Telefon gegenüber dem Onkel aus dem Westen zu viel geplaudert hatte. Karrieren wurden mit einer Unterschrift beendet, Privilegien für immer gestrichen, und natürlich drohten immer auch die Inhaftierungen im berüchtigten Stasiknast in Bautzen.

Mit der zunehmenden Auflösung des Ostblocks in den Achtzigerjahren, der schwindenden Unterstützung durch die Sowjetunion und der wirtschaftlichen Notwendigkeit

Scherzbriefkasten

Christburger Str. 13 in 1055 Berlin

zur vermehrten Kooperation mit den westlichen Ländern (wobei natürlich insbesondere Westdeutschland eine zentrale Rolle zukam) wurde die Lage jedoch komplizierter. Überall gab es westliche Korrespondenten, die Bundesregierung hatte zahlreiche Zugeständnisse der DDR-Führung beispielsweise an die Kirchen erwirkt, und selbst Westkontakte wurden erleichtert. Die stalinistischen Methoden der Fünfziger- und Sechzigerjahre konnten nicht mehr ohne Weiteres fortgeführt werden. Andererseits sammelte die Stasi wie besessen weiterhin alle möglichen Informationen, die sich auch dank verbesserter technischer Möglichkeiten leichter einholen ließen.

In der Bevölkerung wurde die zunehmende Beißhemmung der Staatsorgane mit Erleichterung aufgenommen. Dennoch wurde wohl registriert, dass die auffällig unauffälligen Männer in den Anoraks weiterhin allgegenwärtig waren. Daraus resultierte eine vorsichtig spöttische Haltung der Bevölkerung. So war ein beliebter Witz, Telefonate mit dem Satz anzufangen: »Sag mal noch nichts, lass uns kurz warten, bis die Genossen ihre Aufnahmetechnik in den Griff bekommen haben.«

Die sogenannten Spatensoldaten konnten sich ihrer flächendeckenden Observierung durch die Stasi absolut sicher sein. Dieser Truppenteil der Nationalen Volksarmee (NVA) war einmalig im gesamten Ostblock. Es handelte sich um Rekruten, denen zwar ein echter Zivildienst verweigert wurde, die aber aus Gewissensgründen den Dienst an der Waffe verweigern durften. Während diese Haltung noch Anfang der Sechzigerjahre eine Gefängnisstrafe zur Folge gehabt hätte, wurde 1964 die rechtliche Grundlage für die Rekrutierung der Spatensoldaten geschaffen. Die Truppe war der Armee- und der Staatsführung natürlich ein Dorn im Auge. Es handelte sich um eine Ansammlung junger Männer, die sich erklärtermaßen nicht mit allem einverstanden zeigte, was die Partei verordnete. Zwar war Letzteres ein Fakt, der auf praktisch alle DDR-Bürger zutraf, die wenigsten waren aber so mutig, ihre Ablehnung offen zu bekennen.

Die Spatensoldaten wurden so hart behandelt wie irgend möglich. Sie wurden in den entlegensten Ecken des Landes stationiert und erhielten extrem wenig Ausgang oder gar Urlaub. Die Winter verbrachten sie in Feldlagern, deren Zelte mit Linoleum ausgelegt wurden, damit es für die Soldaten etwas zum Putzen gab. Der Dienst begann frühmorgens und bestand aus harter Arbeit in der Industrie oder der Forstwirtschaft. Im Gegensatz zu anderen Truppenteilen der NVA gab es keine ruhigen Diensttage und schon gar keine Beförderungen.

Dennoch gelang es nicht, die Moral der jungen Männer zu brechen. Sie fühlten einander sehr verbunden und halfen sich gegenseitig, was bei normalen Rekruten selten der Fall war. Sie gingen zur Gelöbnisfeier, um dort das Gelöbnis nicht zu sprechen, eine Lücke im DDR-Armeegesetz, die sich schnell unter den Spatensoldaten herumgesprochen hatte. Sehr häufig schrieben sie auch Eingaben an die Armee- und Staatsführung, denen dann routinemäßig nachgegangen werden musste.

Den Spatensoldaten war bewusst, dass sie aus all diesen Gründen unter ständiger Beobachtung durch den Staatssicherheitsdienst standen. So war ihnen mitgeteilt worden, dass an sie gerichtete Briefe ohne Absender ausnahmslos vernichtet werden würden, ferner wurde ihnen eingeschärft, in ihren Schreiben keine militärischen Geheimnisse preiszugeben, wobei es für die jungen Männer nicht klar war, welche militärischen Geheimnisse sie dem gefrorenen Schlamm Vorpommerns hätten entlocken können. Sie begannen, mit den Umständen ihrer Bespitzelung zu spielen.

So schrieben sie Briefe scheinbar konspirativen Inhalts wie: »Triff mich am 11. 04. um 21.30 Uhr am Zaunloch siebenhundert Meter südlich vom Kasernentor. Dort werde ich Dir die Unterlagen geben.« Am betreffenden Tag machten sie sich dann einen Spaß daraus, zur genannten Uhrzeit auf dem Kasernengelände herumzuspazieren, wo sie ihre getarnt im Dreck herumliegenden Offiziere mit den Worten: »Was macht ihr denn hier?« scheinbar überrascht ansprechen konnten. Da die Armeeführung nicht zugeben wollte, dass die Briefe der Soldaten gelesen wurden, waren disziplinarische Maßnahmen gegen solche Späße schwierig.

Ermutigt von der Ratlosigkeit der Kontrollorgane trieben die Pazifisten in Uniform ihre Spiele immer weiter. Bei den seltenen Besuchen in ihren Heimatstädten (fast alle Spatensoldaten kamen aus größeren Städten) schrieben sie fiktive Namen auf Briefkästen, die irgendwo unbenutzt in den Hausaufgängen hingen, und adressierten dann Briefe an »Claire Grube« und »Christian Ständer«.

Diese Briefe wurden natürlich besonders aufmerksam studiert, weil die Stasi in solchen Fällen Spionage witterte.

Eines Tages führten die Späße jedoch zu einem unerwarteten Ergebnis. Der Spatensoldat Andreas Mick schrieb, gerade aus seinem Berlinurlaub zurückgekehrt, einen Scherzbrief an einen Briefkasten in der Christburger Straße 13 in 1055 Berlin. Diesem Briefkasten hatte er vor kurzem den Namen »Frank Reich« verliehen. Mick schrieb an Frank Reich: »Lieber Frank, grüner Fuchs liegt auf der Wacht, dennoch wird gelber Falke sich an Orrev aus dem Keller des Wiener Riesenrades erheben! Dein Freund Andreas.« Die Stasi schlussfolgerte, dass sie selbst mit »grüner Fuchs« gemeint war. Schließlich konnten sie auch dechiffrieren, dass mit »Orrev« wohl der »Siegestag der Großen Sozialistischen Oktoberrevolution«, also der 7. November, gemeint war. Das berühmte Wiener Riesenrad stand im Prater, ein gleichnamiges Vergnügungslokal aber gab es seit den Zwanzigerjahren auch in Berlin.

Daher stürmte ein Großaufgebot an Sicherheitskräften am Abend des 6. November 1984 den Keller des Praters in der Berliner Kastanienallee. Sie staunten, als sie hier Druckpressen für Falschgeld und kistenweise Blüten fanden. Der amerikanische Auslandsgeheimdienst hatte auf Wunsch Reagans geplant, die DDR mithilfe einer künstlichen Inflation wirtschaftlich in die Knie zu zwingen, und tatsächlich hatte die Auslieferung der Blüten kurz bevorgestanden. Der inhaftierte Agent Ruben McSweeney wurde innerhalb einer Woche gegen zwei Ehefrauen ostdeutscher Spitzel ausgetauscht und damit die Aktion beendet.

Kurzzeitig erwog man, Mick für seinen hervorragenden Hinweis auszuzeichnen, schließlich hätte die Stasi ohne ihn nichts unternommen. Auf flehentliches Bitten Micks jedoch wurde von diesem Vorhaben Abstand genommen.

XXV

Der Untergang der Rudener

Große Rätsel gibt die Vergangenheit der Insel Ruden auf, die nördlich vor Usedom am Ausgang des Greifswalder Boddens in der Pommerschen Bucht liegt. Wie die Geschichte zeigte, hatte man offensichtlich über Jahrhunderte angenommen, dass Ruden ein unbesiedeltes Eiland war. Weil schon die Landschaft im nördlichen Usedom, rund um Peenemünde, im Wesentlichen aus Sumpfland bestand, gab es wenig Interesse an dem abgelegenen Fleck Land im Meer.

Wie groß war die Überraschung, als die *Ernst Thälmann*, ein Schiff der ostdeutschen Handelsflotte, bei der Einfahrt in den Greifswalder Bodden in Seenot geriet. Die gesamte Mannschaft befand sich anlässlich der Geburtstagsfeier des Parteisekretärs in der Messe, und das Schiff trieb steuerlos auf der Ostsee. Dieses durchaus übliche Vorgehen war auf offener See hundertfach gut gegangen, rächte sich aber jetzt bei der Passage, die nautisch nicht wirklich kompliziert war, nichtsdestotrotz aber ein Mindestmaß an Navigation erforderte. Die *Thälmann* lief auf Grund und drohte zu sinken, sodass sich die vierköpfige Mannschaft in das Rettungsboot absetzte. Im Zusammenhang mit der Geburtstagsfeier war die Orientierung

Der Untergang der „Ernst Thälmann"

Südperd

Rügischer Bodden

Greifswalder

Ruden

Greifswalder Bodden

3 2 1

Peenemünde

Usedom

Kröslin

Zinnowitz

Wolgast

1 Route der „Ernst Thälmann"
2 Ort des Schiffsunglücks
3 Ankunft auf Ruden

der eigentlich erfahrenen Seeleute stark eingeschränkt, weshalb man das nahe gelegene Festland nicht fand und schließlich auf der Insel Ruden an Land ging.

Was für eine Überraschung war es für die Mannschaft, die Insel bevölkert vorzufinden! Hier lebte ein ganz eigener, freundlicher Menschenstamm, der sich von Fischen ernährte, die die Stammesmitglieder mit den Händen aus dem Meer holten. Dazu benötigten sie keinerlei technische Vorrichtungen: Wie die verdutzten Seeleute beobachteten, liefen die Insulaner ins Meer, verbrachten bis zu einer Stunde unter Wasser und kamen dann mit Körben voller Fische zurück. Die Inselbewohner lebten ohne Kleidung und ernährten sich vollkommen ungesund. Neben üppigen Portionen praktisch verkohlter Fische tranken sie die fette Milch der Inselkühe und einen selbst gebrannten Kräuterlikör, der stark alkoholisch war. Dazu rauchten sie dicke Zigarren aus getrocknetem Seegras und Wiesenkräutern. Trotz dieses Lebensstils erfreuten sich die Insulaner bester Gesundheit. Die Nachfragen der Gestrandeten nach Unterkünften verstanden sie nicht. Trotz des nasskalten Oktoberwetters legten sie sich in die feuchte Wiese und schliefen ruhig und selig, während die wind- und wettererprobten Matrosen neben ihnen vor Kälte zitterten.

Die Mannschaft der *Ernst Thälmann* war vollkommen entgeistert. Jedoch sahen sie in ihrer Entdeckung auch die Chance, eine Entschuldigung für den Verlust ihres Schiffes zu bekommen. Nach einer letzten ausgedehnten Fischmahlzeit setzten sie sich in ihr Rettungsboot und nahmen Kurs in Richtung Usedom. Der Kapitän schwor seine Mannschaft auf Stillschweigen ein, er wollte den Wert ihrer Entdeckung nicht durch vorzeitige Indiskretion schmälern. Sofort nach ihrer Ankunft fuhr er nach Berlin, wo er beim zuständigen Ministerium vorsprach und von ihrer unglaublichen Entdeckung berichtete. Sein Plan ging auf, tatsächlich geriet der Verlust der *Thälmann* in den Hintergrund.

Die Entdeckung wurde sofort auf höchster politischer Ebene diskutiert. Das Rudener Inselvolk eröffnete die Aussicht, unglaubliche Leistungen für Wirtschaft und Gesellschaft zu erzielen. Menschen, die unter Wasser atmen konnten! Ein Leben ohne Krankheit! Einsparung wertvoller Energieressourcen durch heizungsfreies Leben! Der Fantasie waren keine Grenzen gesetzt. In kürzester Zeit bildete man eine Gruppe von Wissenschaftlern und Ingenieuren, die das Leben auf Ruden untersuchen und möglichst schnell in volkswirtschaftlich nutzbare Ergebnisse umsetzen sollte.

Als diese Brigade aus vierundzwanzig der besten Köpfe der DDR jedoch mit vollständiger Ausrüstung zum Verbleib auf der Insel eintraf, bot sich ihnen ein Bild des Jammers. Der Heizer der *Thälmann* hatte offensichtlich noch am Abend der Ankunft auf Usedom in der Gaststätte *Störtebeker* von ihren Erlebnissen auf Ruden geplaudert. Am nächsten Tag bereits waren Abenteuerlustige aufgebrochen, um die Insulaner in Augenschein zu nehmen.

Die Wissenschaftler trafen nun vier Wochen später auf

ein völlig verändertes Inselvolk. Die meisten Insulaner hatten durch das unablässige Fragen der Festlandbevölkerung verlernt, wie man unter Wasser atmen konnte. Einige starben bei dem Versuch, es dennoch zu tun. Außerdem hatten die Festlandbewohner grippale Infekte mitgebracht, sodass viele der Rudener nun mit roten Nasen und Schnupfen unter dicken Wolldecken saßen. Warum oder wie sie nicht gefroren hatten, wussten sie auch nicht mehr. Den Insulanern war ständig kalt, obwohl sie plötzlich stark zunahmen von ihrer Ernährung, die sie über Jahrhunderte ohne Probleme zu sich genommen hatten.

Der letzte Rudener starb nur wenige Monate nach Ankunft der Wissenschaftler, ohne dass man die erhofften Erkenntnisse hätte ziehen können. Der Heizer der *Thälmann* wurde in das Petrolchemische Kombinat Schwedt in Dauernachtschicht strafversetzt.

XXVI

Das Medikament,
das es zweimal nicht gab

Prägend für die Wirtschaft der DDR war zweifelsohne der allgegenwärtige Mangel. Es gab einen Mangel an Rohstoffen, einen Mangel an Motivation seitens der Werktätigen, einen Mangel an modernem Know-how und einen ausgeprägten Mangel an frei konvertierbaren Zahlungsmitteln. All diese Mängel gingen Hand in Hand. Hätte man Rohstoffe besessen, hätte man für sie Devisen bekommen können, was die Motivation der Werktätigen erhöht und schließlich auch zu einem verbesserten Know-how geführt hätte. Aber nichts dergleichen geschah, sodass sich die Wirtschaft beständig neuen Problemen gegenübersah. Möglichst wenig wurde verschwendet, Verpackungen waren spartanisch, und auf den Müll kam überhaupt nur, was absolut unbrauchbar war. Hingegen wurden landauf, landab spezielle Deponien für Müll aus dem Westen eingerichtet, den man für Devisen entgegennahm.

Immerhin wurde versucht, möglichst langlebige Produkte herzustellen. Im Gegensatz zu einer kapitalistischen Wirtschaft hatte man größtes Interesse daran, alle hergestellten Waren so haltbar wie nur irgend möglich zu

VEB Arzneimittel Radebeul

machen. Elektrische Geräte wurden leicht zugänglich montiert und in der Regel mit detaillierten Bauplänen ausgeliefert, damit engagierte Hobbybastler sie problemlos selbst reparieren konnten. Der Gartenratgeber »Guter Rat für jeden Gartentag« enthielt alle bekannten Hinweise für den Freizeitgärtner, damit kein weiteres Buch in dieser Richtung notwendig wurde. Auch die berühmte Schrankwand Marke Hellerau war so konzipiert, dass sie im Gegensatz zu vergleichbaren westlichen Produkten mehrere Umzüge unbeschadet überstehen konnte. Die Waschmaschinen waren ebenso unverwüstlich wie die Lkws aus Ludwigsfelde und daher besonders in Entwicklungsländern hoch geschätzt.

Leider gelang es jedoch häufig nicht, Produkte solcher Qualität herzustellen. Aufgrund der mangelnden Motivation der Arbeiter und der unzureichenden Materialien wurde eine große Menge Ausschuss produziert, und selbst fehlerfreie Güter waren häufig grotesk hässlich und unbrauchbar. Mit Unmut betrachtete man die ständig wechselnden Moden im Westen, denen natürlich nicht nur die Kleidung, sondern auch die Unterhaltungselektronik und selbst die Waschpulvermarken unterworfen waren. Diese Modeentwicklungen drangen nun über das Westfernsehen auch in die DDR und weckten Begehrlichkeiten bei den Bürgern, die nicht erfüllbar waren. Nicht einmal bei der Oberbekleidung gelang es der DDR-Wirtschaft, auch nur einigermaßen mit dem Westen Schritt zu halten. Man konnte davon ausgehen, dass ein in der DDR verfügbares Produkt nicht mehr in Mode war. So wurden die ersten

Schlaghosen Anfang der Achtzigerjahre ausgeliefert, als jedermann längst von Karottenhosen aus Baumwollstoff träumte.

Doch das Bestreben nach dauerhaften Produkten führte auch zur Entwicklung von Aknex. Hierbei handelte es sich um eine Tablette, die nach einmaliger Einnahme zu einer vollkommenen und über mehrere Jahre andauernden Heilung von Akne führte. Bis auf einen leicht metallischen Geschmack im Mund, der jedoch nur über maximal zwölf Stunden anhielt, hatte Aknex praktisch keine Nebenwirkungen. Aknex war bereits 1982 vom Pharmazie-Ingenieur Ingo Förster im Arzneimittelwerk Radebeul bei Dresden entwickelt worden. Die Parteiführung ging seinerzeit jedoch davon aus, dass es sich bei Akne um kein gravierendes Problem der Volksgesundheit handele und dass eine weitere Entwicklung des Präparates daher nicht mehr notwendig sei, eine Entscheidung, die Förster natürlich bedauerte, aber als treues Parteimitglied mittrug.

Während der unruhigen politischen Lage 1989, die sich spätestens nach den gefälschten Volkskammerwahlen im März andeutete, suchte man fieberhaft nach Möglichkeiten, die aufgebrachte Bevölkerung zu beruhigen. Daraufhin sah Förster die Stunde von Aknex gekommen, und er schlug erneut dessen Markteinführung vor. Förster argumentierte, mit dem Medikament würde man eines der wichtigsten Probleme von Jugendlichen bekämpfen und ihnen somit neues Vertrauen in ihren Staat geben. Außerdem würden eine verbesserte Haut und vermehrte Partnerschaften auch dazu führen, dass mehr Bürger sich ins

Privatleben zurückzögen. Die Argumente fruchteten. Man beschloss, Aknex so schnell wie möglich auf den Markt zu bringen. Wegen des üblichen sozialistischen Tempos dauerte »so schnell wie möglich« jedoch bis zum März des Folgejahres. Zu der Zeit war das Vertriebsnetz bereits zusammengebrochen, und die Apotheken wurden mit Westmedikamenten überschwemmt. Aknex wurde nur in einigen Apotheken in der Dresdner Gegend ausgeliefert.

Doch überall dort, wo es hinkam, war das Produkt *der* Renner unter den Jugendlichen. Nachdem es die Ersten erfolgreich angewandt hatten, wollte jeder Aknex haben. Jugendliche aus ganz Sachsen und den angrenzenden Regionen begannen, sich in Radebeul und Umland Aknex zu verschaffen. Logischerweise stagnierten daher die Umsätze der verschiedenen Hautreinigungswässerchen und -schwämmchen, zu denen die Jugendlichen sonst in ihrer Verzweiflung griffen, ein Umstand, der den westdeutschen Kosmetikproduzenten natürlich nicht verborgen blieb. Am 5. Mai 1990, nur fünf Wochen nach der Markteinführung von Aknex, erschienen ein paar Herren in Anzügen und legten kleine Lederköfferchen auf die Schreibtische der verdutzten Direktoren der Arzneimittelfabrik Radebeul. Für eine bis heute unbekannte Summe erwarben sie das Patent auf Aknex sowie sämtliche Lagerbestände und ließen alles hinter schweren Tresortüren auf immer verschwinden.

Der Aknex-Entwickler Ingo Förster gewann wenige Tage später in einem Preisausschreiben eine Thailandreise inklusive Reisegeld. Ihm war nicht erinnerlich, jemals daran teilgenommen zu haben. Kurz nach seiner Ankunft in Bangkok lief dem alleinstehenden Förster eine ausgesprochen attraktive Frau aus dem Süden des Landes in die Arme. Da zwischen den beiden sofort Sympathie vorhanden war und Förster in Radebeul nicht viel zu verlieren hatte, zog er wenig später mit seiner neuen Lebensgefährtin zusammen und betrieb mit ihr ein kleines Hotel.

Die Einheimischen äußerten angeblich bisweilen ihre Verwunderung darüber, wie es Försters Frau zu einem Hotel gebracht hatte, und behaupteten, sie sei nur eine Prostituierte gewesen. Aber dem Glück des jungen Paares, das bald von einigen Kindern gekrönt wurde, konnte solcherlei üble Nachrede nichts anhaben.

XXVII

Die List gegen »Tarzan Boy«

Sehr schnell hatte die Partei- und Staatsführung der DDR erkannt, dass sie die Herzen der Bürger nicht mit marxistisch-leninistischen Parolen allein gewinnen konnte. Die Menschen wollten auch unterhalten werden, insbesondere wünschten sie sich, ihre Stars aus dem Westen zu sehen. Nach der Ablösung Ulbrichts und dem Wechsel von Honecker an die Staatsspitze begann man, diesem Wunsch auch nachzugehen. Hintergrund war angeblich, dass Honecker selbst die Sängerin Katja Ebstein schätzte. Das Ganze blieb dennoch heikel, denn woher sollten die Menschen westdeutsche Sänger und Musikgruppen kennen, schließlich sah doch in der offiziellen Wahrnehmung niemand Westfernsehen. Also musste man zusehen, dass man eine Plattenlizenz der Interpreten bekam, die natürlich wertvolles Westgeld kostete. Dann wurden die entsprechenden Künstler in der Tagespresse zurechtgeschrieben, wie man es auch mit den Klassikern der deutschen Kulturgeschichte gewohnheitsmäßig machte. Sängern von Volksliedgut wurde eine »Nähe zu den einfachen Menschen« bescheinigt, Rockmusikern ein »Aufschrei gegen den Imperialismus«, und selbst Alkoholismus verherrlichenden Punkbands wurde gegebenenfalls nachgesagt,

1987-Gastspiele: Berlin, Magdeburg und Rostock

der Künstler **BALTIMORA** begeisterte die werktätige Bevölkerung mit dem Titel >Tarzan Boy<

»gegen die herrschenden Verhältnisse im Kapitalismus zu protestieren«.

Dies war jedoch nur die notwendige ideologische Begleitmusik, wirkliche Probleme ergaben sich bei der Bezahlung der Musiker. Nur wenige waren mit der Honorierung durch Ostgeld einverstanden, und wenn, dann meist nur ein einziges Mal. Die Währung war nicht konvertierbar, aber in der DDR gab es nicht viel zu kaufen. Und natürlich waren die Künstler in der Mangelwirtschaft schlecht informierte Außenseiter und hatten schon deshalb keine Chance, an die wirklich interessanten Waren unter den Ladentischen heranzukommen.

So entwickelte man die Bezahlung mit Antiquitäten. Eine riesige Menge davon war in einer Halle in Mühlenbeck bei Berlin aufgestellt. Hier wurden die Künstler hingefahren, und sie konnten sich nach Herzenslust und Leistungsumfang etwas aussuchen. Später erstellte man mithilfe des Ministeriums für Außenhandel einen Katalog von attraktiven DDR-Produkten und verhandelte eine direkte Bezahlung im Vorfeld der Konzertreisen. Schlagersänger ließen sich Auftritte im Osten mit gläsernen Flügeln bezahlen, mancher politisch bewegte Liedermacher mit silberbeschlagenen Füsiliergewehren aus der berühmten Suhler Jagdwaffenfabrik oder Suppenterrinen »Weinlaub« aus Meißener Porzellan.

Für die berühmteren Künstler aus Übersee kam man aber mit gläsernen Flügeln und anderen attraktiven Waren nicht weiter. So wurde der Katalog erweitert um Waren, die man im Westen mit Gewinn verkaufen konnte. Neben den schon erwähnten Qualitätsprodukten waren das kuriose Güter wie Kanaldeckel, die in der DDR so billig waren, dass sie den Weltmarktpreis von Rohstahl unterboten. Diese Waren wurden dann geliefert und im Westen weiterverkauft, sodass die Künstler indirekt an die geforderten Gagen kamen, ohne von den komplexen Geschäften zu erfahren. Bob Dylan beispielsweise war es absolut unbekannt, dass sein Auftritt in Ostberlin offiziell mit fünfzehn Akkordeons und neun Tonnen Kali bezahlt wurde.

Aufgrund dieser Regelungen entwickelte sich die DDR zu einem nicht unattraktiven Gastspielland. Jazz- und Bluesmusiker waren schon immer gern hierher gefahren. Wohnten sie sonst in feuchten Kellern und mussten fürchten, das nächste Mittagessen nicht bezahlen zu können, lebten sie in der DDR wie Könige und hatten Auftritte vor riesigem Publikum. Aber mit den indirekten Bezahlungen wurde die DDR auch für die kommerziellen Künstler interessant. Die Lage der ostdeutschen Wirtschaft wurde indes immer prekärer, sodass die neue Freizügigkeit insgeheim im Ministerium für Außenhandel schon verflucht wurde. Die Kassen waren leer, dennoch blieb es politisch gewünscht, dass immer neue Künstler Konzerte in der DDR gaben.

Daher kam es zu dem Vorfall mit dem Italo-Pop-Künstler Baltimora. Der eigentlich aus Nordirland stammende, jedoch in Italien produzierende Sänger hatte 1985 mit »Tarzan Boy« einen Charterfolg, und über sein westdeutsches Management wurden der DDR drei Auftritte im

Zusammenhang mit Baltimoras Tournee durch Westdeutschland angeboten. Die Führung der FDJ stimmte sofort begeistert zu, das Ministerium für Außenhandel war jedoch verzweifelt. Die routinemäßig angebotene Bezahlung in DDR-Währung wurde zurückgewiesen, und so kam es wieder zur üblichen Zahlungsvereinbarung auf Naturalienbasis. Baltimora hatte 1987 drei Auftritte in Berlin, Magdeburg und Rostock, die sicherlich zu den bestbesuchten seiner gesamten Karriere gehörten. Im Westen war sein Stern bereits wieder am Sinken, die Nachfolge-Singles »Living in the Background« und »Woody Boogie« hatten nicht gezündet, weshalb er im Westen normalerweise nur noch Kurzauftritte mit »Tarzan Boy« in Diskotheken und kleineren Hallen in der Provinz hatte. In der DDR jedoch spielte er sein gesamtes Konzertprogramm, immer wurden zahllose Zugaben verlangt, und das Publikum klatschte begeistert.

Wie groß war aber die Verwunderung, als er einige Wochen nach Abschluss seiner Europatournee einen Anruf seines westdeutschen Managements bekam. Die vereinbarten Gegenleistungen für seine Auftritte in der DDR waren vertragsgemäß geliefert worden, ihr Preis jedoch lag weit unter der erhofften Gage. Für die viertausend Pflastersteine und zwei Tonnen Löschkalk waren nach Recherchen von Baltimoras Management höchstens vierhundert statt der vereinbarten zwölftausend D-Mark zu erzielen. Baltimora tobte und forderte rechtliche Konsequenzen.

Dies war jedoch praktisch unmöglich. Das Außenministerium hatte die vertragsgemäß vereinbarten Güter geliefert und war nicht verantwortlich für deren Weiterverkauf in Westdeutschland. Baltimoras Management hatte geschlafen, weil es davon ausgegangen war, dass die angebotenen Güter der vereinbarten Summe entsprechen würden, konnte aber seinerseits auch nicht haftbar gemacht werden, da der Künstler den Vertrag ebenfalls wie vorgelegt unterschrieben und keinen Passus über einen Geldbetrag festgelegt hatte. Baltimora trennte sich wutentbrannt von seinem Management, konnte aber nie mehr Fuß fassen im Musikgeschäft. Im Außenhandelsministerium zeigte man sich erleichtert, war sich aber klar darüber, dass dies eine einmalige List gewesen war und künftige Verträge mit westdeutschen Managern präziser formuliert sein würden.

XXVIII

Marx' Opfer

Die Stadt Chemnitz wurde 1953 in Karl-Marx-Stadt umbenannt, damit es für den in Trier geborenen und in London verstorbenen Philosophen auch einen Ort in der DDR gab. 1971 wurde der von Lew Kerbel entworfene, überlebensgroße Kopf des Philosophen in der Stadt installiert. Das Denkmal sollte kurz darauf von der Bevölkerung in sächsischer Mundart als »der Nischel« bezeichnet werden. Bei der Installation kam es zu einem tragischen Unfall des Transportarbeiters Hubert Krause, der an diesem Vormittag bereits eine halbe Flasche »Goldbrand« sowie mehrere Halbliter Bier getrunken hatte. Durch eine Unachtsamkeit öffnete Krause beim Heben des Kopfes ein Sicherungsseil, die Bronzestruktur löste sich aus ihrer Aufhängung, geriet durch den herrschenden Ostwind in leichte Schwingung, brachte Krause zu Fall und zerquetschte ihn schließlich tödlich. Der Vorfall wurde hektisch vertuscht und mit absoluter Geheimhaltung belegt, da man nicht wollte, dass Krause als erstes aktenkundiges Todesopfer von Karl Marx durch die Westmedien gezogen werden würde.

KARL-MARX-DENKMAL

von Lew Kerbel (1971)
auch als › der Nischel‹ bezeichnet

XXIX

Die Baumwollfelder Sachsen-Anhalts

Mit größter Begeisterung wurde jeder noch so kleine
Bodenschatz auf dem Staatsgebiet der DDR begrüßt.
Schließlich träumte man sich in die Oberliga der Wirt-
schaftsmächte, täglich rühmte mindestens eine Zeitung
die DDR als »eine der zehn größten Wirtschaftsnationen
der Welt«, eine Aussage, die sich auf eine historische
Untersuchung der OECD bezog und auf die man unend-
lich stolz war. Die ostdeutschen Uranvorkommen wurden
durch die »Sowjetisch-Deutsche Aktiengesellschaft Wis-
mut« so gnadenlos ausgebeutet, dass man zum weltweit
drittgrößten Uranförderer aufstieg. In der Braunkohlen-
landschaft des südlichen Brandenburg klaffte ein Tage-
bau neben dem anderen, ohne Rücksicht auf ökologische
Verluste. Das »Kombinat Kali« förderte zum Schluss mehr
als zwei Millionen Tonnen Düngerrohstoff. Und selbst
die äußerst bescheidenen Erdölvorkommen in Miltzow-
Reinkenhagen (Kreis Grimmen) wurden gefördert und
voll Stolz in das Erdölverarbeitungswerk Schwedt trans-
portiert, das im Wesentlichen natürlich sowjetisches Erd-
öl verarbeitete.

Weniger bekannt sind die Versuche, Baumwolle in der
DDR anzubauen. Diese gingen auf eine Initiative von

146

Sozialistischer
Baumwollanbau
im Vergleich

Abbildungen im
Verhältnis der
Maximumgröße
zueinander

A – Baumwollpflanze
(UdSSR/Usbekistan)

B – Baumwollpflanze
(DDR/Magdeburger Börde)

Johannes R. Becher, dem ersten Kulturminister der DDR, zurück. Während seines Exils in der Sowjetunion hatte es ihn nach Taschkent verschlagen. Obwohl er an diese Zeit in Usbekistan wenig gute Erinnerungen gehabt haben dürfte – er hatte mehrfach versucht, sich das Leben zu nehmen –, waren ihm doch die Baumwollfelder dort ans Herz gewachsen. Er sollte später sagen, die Baumwollfelder Usbekistans hätten ihm das Leben gerettet. Stunden und Tage war er dort entlangspaziert, hatte sich an einen anderen Ort und von den alten Sklavenliedern Nordamerikas geträumt. Diese Baumwollfelder blieben darum sein lebenslanger Traum.

So kam es, dass er im Ministerrat anregte, doch auch in der DDR Baumwolle anzupflanzen. Dem Vorschlag wurde begeistert zugestimmt, sofort definierte man das Ziel, damit den eigenen Baumwollbedarf decken zu wollen. Eine Landwirtschaftsdelegation wurde nach Usbekistan entsandt, um die Anbauweise der Baumwolle zu erlernen und die besten Kulturen zu erwerben.

Zurück in der DDR, veranlasste die Delegation, dass nach ihren Kenntnissen über den Baumwollanbau tiefe Bewässerungsgräben in die fruchtbaren Böden der Magdeburger Börde gezogen wurden. Schließlich wurden 1957 vor den Augen der staunenden Anhaltiner die ersten Baumwollpflanzen gesetzt. Doch auch dieser ehrgeizige Plan der DDR-Führung scheiterte an der harten Realität. Baumwolle ist eine subtropische Pflanze und braucht während der Wachstumszeit im Frühjahr eine Durchschnittstemperatur von 15 Grad Celsius. Eine solche Temperatur konnte aber im Magdeburger März und April lediglich vereinzelt als Höchsttemperatur gemessen werden, der Durchschnitt lag wesentlich tiefer. Die Pflanzungen entwickelten sich schlecht und gingen schließlich ein. Man pflügte sie in einer Nacht-und-Nebel-Aktion unter, kein Gramm Baumwolle konnte jemals aus dem Boden der DDR gewonnen werden. Erfreut wurde jedoch registriert, dass nach dem Ernteausfall auf den betreffenden Ackerflächen die Ernte des folgenden Jahres 1958 besonders gut ausfiel. Ob das an der guten Bewässerung der genannten Flächen oder den guten Düngeeigenschaften der untergepflügten Baumwolle lag, wurde nicht näher untersucht.

Herzlichen Dank an Christoph Links für seine kenntnisreichen und detailgenauen Hinweise. Verbliebene historische Ungenauigkeiten sind nur dadurch zu erklären, dass er sie nicht verhindern konnte.

Ferner sei Pimm gedankt.

Jakob Hein

Herr Jensen steigt aus

Roman. 144 Seiten. Gebunden

Sie sind komisch. Sie sind tragisch. Wir erkennen uns in ihnen wieder und betrachten fortan das Alltägliche mit anderen Augen: Von Gregor Samsa bis Garp bevölkern Sonderlinge die Literatur. Herr Jensen ist einer von ihnen. Herr Jensen arbeitet bei der Post. Sorgfältig, beinahe liebevoll pflegt er seine Zustellungen in die Schlitze der Briefkästen zu schieben. Arbeitet Herr Jensen nicht, denkt er über geheime Jagdgründe für Frauen nach oder über die Schwerkraft. Für ihn hätte es immer so weitergehen können. Eines Tages allerdings wird Herr Jensen freigestellt, um Freistellungen vermeiden zu können, wie man ihm erklärt. Bald darauf stellt er fest, daß man einen Wecker, der nicht mehr wecken muß, eigentlich Uhr nennen sollte. Immer seltener verläßt er seine Wohnung. Denn nun ist er einer ganz großen Sache auf der Spur, nur entdecken darf ihn dabei keiner – dafür hat Herr Jensen gesorgt.

»Ein wunderbares Buch. Das müssen Sie lesen!«
Hape Kerkeling in »Lesen!«

»Komisch, leicht, lustig und irgendwie auch gruselig zu lesen.«
Elke Heidenreich

01/1538/02/R

Jakob Hein
Mein erstes T-Shirt

Mit einem Vorwort von Wladimir Kaminer. 152 Seiten. Serie Piper

Fernsehuhren mit und ohne Striche, die erste Liebe, das erste T-Shirt – hintersinnig und witzig erzählt Jakob Hein von Jakob Hein, einem Jugendlichen im ganz normalen Wahnsinn der letzten DDR-Jahre: ein Alltag unter verschärften Bedingungen und voll der Sehnsucht nach Cola, Netzhemd, Westfernsehen und stilvollen Besäufnissen mit Kuba-Rum in sturmfreien Partybuden. Hier hat sich einer gekonnt den verordneten Grenzen entzogen und seine Freiheit gewahrt.

»Er hat als versierter Stolperer einen Sinn für Situationskomik und versteht es, im Alltäglichen die schrägen Momente zu entdecken.«
Süddeutsche Zeitung

Jakob Hein
Formen menschlichen Zusammenlebens

160 Seiten mit 30 Farbfotos des Autors. Serie Piper

Schon mit zwölf, als er noch mit Taschenlampe unter der Bettdecke gelesen hat, wollte Jakob Hein nach Amerika, in die Heimat dicker Burger und schlechter Biere. Vom real date bis zum blind date, von New York nach San Francisco studiert er zwei Jahrzehnte später amerikanische Kühlschrankinhalte, Mitbewohner und die merkwürdigsten Formen menschlichen Zusammenlebens.

»Jakob Hein weiß, daß die Verteidigung der Naivität seine einzige Chance ist und den Charme seiner Prosa ausmacht. Er erzählt leicht, locker und mit Sinn für Skurrilität.«
Frankfurter Allgemeine Zeitung

05/1468/01/L
05/1854/01/R

Wolfgang Welsch
Ich war Staatsfeind Nr. 1

Als Fluchthelfer auf der Todesliste
der Stasi. Der Stich des Skorpions.
448 Seiten. Serie Piper

Vom verurteilten Republik-
flüchtling zum erfolgreichsten
Fluchthelfer und verhaßten
Staatsfeind Nr. 1: Die Lebens-
geschichte von Wolfgang
Welsch ist der authentische, un-
gemein dicht und packend ge-
schriebene Bericht eines Man-
nes, der auf der Todesliste der
DDR-Staatssicherheit ganz
oben stand – und überlebte.

»Sein Leben hat der Schauspieler, Lyriker, Fluchthelfer und
Kleinverleger Welsch jetzt so
hautnah nacherzählt, daß der
Leser eines der finstersten Ka-
pitel des Kalten Krieges in
Deutschland nacherleben
kann.«
Stern

Erika Riemann
mit Claudia Hoffmann
Die Schleife an Stalins Bart

Ein Mädchenstreich, acht Jahre
Haft und die Zeit danach.
254 Seiten mit 6 Fotos. Serie Piper

Acht Jahre, von 1946 bis 1954,
musste Erika Riemann hinter
bewachten Mauern verbrin-
gen, weil sie als vierzehnjähri-
ges Mädchen ein Stalinbild mit
ihrem Lippenstift bemalt hatte.
Erst heute hat sie die Sprache
gefunden, um über ihre gestoh-
lene Jugend zu berichten – und
über die Zeit danach, die all-
mähliche Befreiung aus ihren
inneren Mauern.

»Intelligent und spannend
schildert Erika Riemann die
Stationen einer jäh aus der
Kindheit gerissenen und hinter
Zuchthausmauern gereiften
Frau. Überzeugend zeichnet
sie die Menschen, die ihr begeg-
neten, die Guten wie die Bö-
sen. Und distanziert sich vom
Hass ...«
Thüringer Allgemeine

Jakob Hein

Vielleicht ist es sogar schön

176 Seiten. Serie Piper

Hätte er die Zeit gehabt nachzudenken, Jakob Hein hätte seiner Mutter nur diesen Satz gesagt: »Stirb nicht, es ist doch viel zu früh.« Er hat es nicht getan. Über die Erinnerung an sie und die gemeinsamen Erlebnisse stellt er noch einmal die alte Nähe zu ihr her. »Vielleicht ist es sogar schön« ist klug, wütend und tröstlich zugleich. Jakob Hein erzählt die Geschichte eines langsamen Abschiedes und verbindet die literarische Erinnerung an seine Mutter mit dem Porträt einer außergewöhnlichen Familie.

»Immer berührend, nie pathetisch, immer würdig, nie weihevoll.«
Stern

Michael Tetzlaff

Ostblöckchen

Eine Kindheit in der Zone.
Vorwort von Katja Lange-Müller.
176 Seiten. Serie Piper

Wenn Michaels Vater die DDR auf seine ganz eigene Weise erklärt, bringt er den Sohn in echte Schwierigkeiten. Ist »Stasi« wirklich die Abkürzung von »Starrsinn«? Und was hat Fasching mit Faschisten zu tun? In regelmäßigen Abständen kommen die Westverwandten, die sinnlose Geschenke mitbringen und sich mit Radeberger Pilsner betrinken. Der kleine Michael kann sie ebenso wenig leiden wie den Ernteeinsatz und das Wehrlager ... Voller Witz und Ironie hat Michael Tetzlaff seine Erinnerungen an eine etwas andere Kindheit und Jugend in der DDR aufgeschrieben – ohne in die viel zitierte Ostalgie zu verfallen.

05/1893/01/L   05/1908/01/R

Lutz Dettmann

Wer die Beatles nicht kennt

Roman. 336 Seiten. Serie Piper

Ein Sommer in den siebziger Jahren: Klaus muss das Klassenzimmer verlassen, weil er den Staatsbürgerkundeunterricht kritisiert, und ärgert sich, dass alle Klassenkameraden den Mund halten. In den Ferien unternimmt er Ausflüge mit seinen Freunden in die Mecklenburger Landschaft und hört die Musik von Bands wie Jethro Tull oder den Beatles. Er erlebt seinen ersten richtigen Rausch, wird zum ersten Mal verhaftet und verliebt sich bis über beide Ohren ... Authentisch und jenseits von Verklärung und Ostalgie erzählt Lutz Dettmann von den Erfahrungen, die der fünfzehnjährige Klaus auf dem Weg zum Erwachsenwerden macht.

»Lutz Dettmann schildert auf amüsante und nachdenkliche Art das Aufwachsen in der DDR. Dabei dürfen Jeans, Schuldisko und die erste Liebe natürlich nicht fehlen. Ein warmherzig und mit Witz geschriebenes Buch.«
Schweriner Volkszeitung

Matthias Biskupek

Das kleine DDR-Lexikon

Von Haushaltstag bis Reisekader. 160 Seiten. Serie Piper

Ob Genex, Frösi oder Brigadetagebuch – Matthias Biskupek hat die fünfzig schönsten und rätselhaftesten Blüten des DDR-Wortschatzes versammelt, die heute vom Aussterben bedroht sind. Wir erfahren, was es mit der Abkürzung »ml. WA« in Bekanntschaftsanzeigen auf sich hatte und daß berufstätige Ehefrauen und Mütter in der DDR einmal monatlich einen Haushaltstag nehmen durften. Und ganz nebenbei bekommen wir eine Nachhilfestunde im Fach Geschichte.

»Ein Buch, mit dem auch die heranwachsende Generation der Erfurter oder Leipziger die Chance hat, ihre Eltern wenigstens hin und wieder zu verstehen.«
Thüringer Allgemeine

SERIE PIPER

SERIE PIPER

K. L. McCoy
Mein Leben als Fön

Abenteuerroman. Aufgeschrieben von Tilman Rammstedt, Michael Ebmayer, Florian Werner und Bruno Franceschini. 208 Seiten. Serie Piper

»Mein Leben als Fön« ist die abenteuerliche, aberwitzige und mitreißende Lebensbeichte des Klaus Luzifer McCoy, des verwegenen Zeitreisenden, der unterwegs ist in einer großen Mission – der Kunst des Haartrocknens. Der abenteuerliche Bericht des unerschrockenen K. L. McCoy – eigensinnig, charmant, spielerisch. Zusammengetragen und aufgeschrieben wurde sie von seinen größten Bewunderern.

»Dieses Buch ist so zugespitzt, so absurd und so voller feiner Wortspielereien, dass man eine rechte Freude daran hat.«
Süddeutsche Zeitung

Radek Knapp
Herrn Kukas Empfehlungen

Roman. 251 Seiten. Serie Piper

Ein Reisebus wie ein umgestürzter Kühlschrank, voll mit Wodka und Krakauer Würsten – und mittendrin Waldemar, der sich auf Empfehlung seines Nachbarn Herrn Kuka auf den Weg nach Wien gemacht hat. Was den angehenden Frauenhelden im goldenen Westen erwartet, erzählt der Aspekte-Literaturpreisträger Radek Knapp in seinem Romandebüt so vergnüglich, daß man das Buch nicht aus der Hand legt, ehe man das letzte Abenteuer mit Waldemar bestanden hat.

»Mit hintergründigem Humor erzählt Knapp von erotischen und kapitalistischen Versuchungen, läßt seinen Helden von ›regelmäßigem Steinzeitsex‹ delirieren und in böse Fallen tappen – und zimmert aus den Verwirrungen des Zauberlehrlings Waldemar eines der unterhaltsamsten und durchtriebensten Bücher der Saison.«
Der Spiegel

05/1907/01/L   05/1099/01/R

Helge Timmerberg

Tiger fressen keine Yogis

Stories von unterwegs. Mit einem Vorwort von Sibylle Berg. 256 Seiten. Serie Piper

Daß Helge Timmerbergs Leben eigentlich ein einziger langer, wilder und bunter Trip durch innere und äußere Welten ist, davon zeugt dieses Buch. Er hat Waffenschieber, Flamencotänzerinnen und Drogenbarone getroffen, ist nach Indien, Japan, Marokko und Andalusien gereist, um in seinen Stories den Geist verschiedener Kulturen, Länder und Menschen einzufangen. Schräg, manchmal nachdenklich, aber niemals langweilig sind die erfolgreichen und abenteuerlichen Reisereportagen dieses modernen Nomaden.

»Es ist in der Tat so, daß man beim Lesen anfängt, die guten Sätze zu unterstreichen, und bald ist die Hälfte des Buchs unterstrichen, und dann schaut man sich die restlichen Sätze an und stellt fest, daß die eigentlich auch sehr gut sind.«
Süddeutsche Zeitung

Radek Knapp

Papiertiger

Eine Geschichte in fünf Episoden. 160 Seiten. Serie Piper

Der Sinn des Lebens macht Walerian zu schaffen und läßt ihn immer wieder zu unerwarteten Mitteln greifen. Kein Wunder, denn mit dreißig Jahren sucht er zwar nach seiner Berufung, hat aber kein Ziel vor Augen – und erst recht keinen Plan. Vielleicht sollte er schreiben? Vorerst schlägt er sich mit Gelegenheitsjobs durchs Leben: als Krankenpfleger oder Weihnachtsengel. Doch von einem Tag auf den anderen ändert sich alles – sein Manuskript wird zum Hit der Saison und Walerian plötzlich zum gefragten Mann. Aber ist schaler Erfolg seine wahre Berufung? »Papiertiger« ist die tragikomische Geschichte eines Optimisten, der vorübergehend zum Realisten wird.

»Mit wunderbar leichter Hand und schelmenhaftem Witz zeichnet Radek Knapp in fünf Episoden ein luftiges Bild seines Antihelden.«
Berner Zeitung

SERIE PIPER